캐머런 타운센드

당신이 하나님을 더 깊이 알아 가고 더 널리 알리는 사람이 되는 것, 이 책에 담겨진 예수전도단의 마음입니다. 말씀을 통해 저자가 깨닫고, 원고를 통해 저희가 누릴 수 있었던 그 감동이 책을 통해 당신에게도 전해지기 원합니다. 그리고 당신을 통해 그 기쁨과 은혜가 더 많은 이들에게 계속해서 흘러가기를 기도하겠습니다. 이 책을 통해 당신이 받은 은혜를 다른 분들에게도 나눠주십시오. 사랑하고 축복합니다.

Copyright © 2000 by Janet and Geoff Benge
Originally published in English under the title
Christian Heroes: Cameron Townsend
published by YWAM Publishing
P. O. Box 55787, Seattle, WA 98155, USA
All Rights Reserved.

Korean Copyright © 2012 by YWAM Publishing Korea

본 저작물의 한국어판 저작권은 도서출판 예수전도단에 있습니다.
저작권법에 의해 보호받는 저작물이므로 무단 전재와 복제를 금합니다.

믿음의 영웅들 시리즈 13

모든 언어로 성경을 읽게 하라

캐머런 타운센드

자넷 & 제프 벤지 지음 | 안정임 옮김

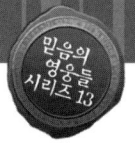

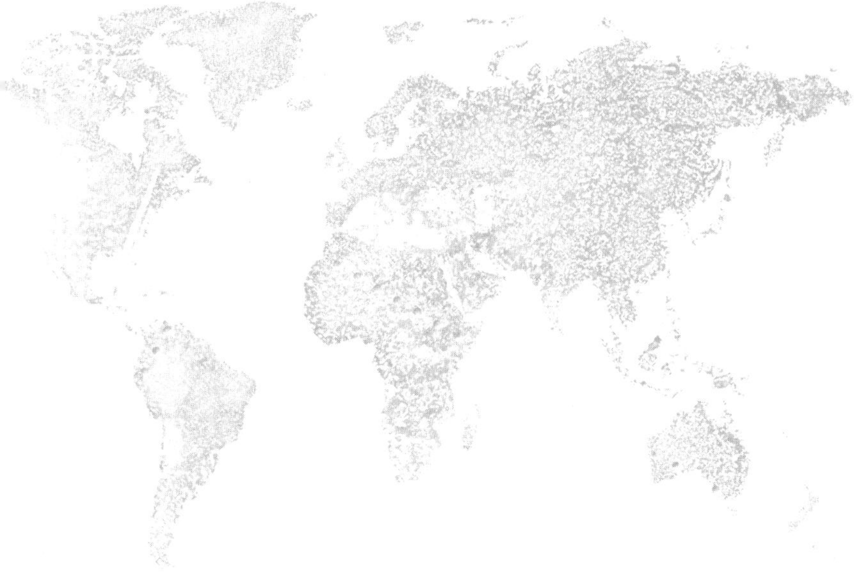

예수전도단

Contents

한국어판 편집자 서문

1. 대통령 집무실 11
백악관의 대통령 집무실에 앉아 있는 캐머런 타운센드. 그는 리처드 닉슨 대통령에게 성경 번역자 모집을 위한 추천서를 부탁한다. 선교사이자 언어학자로서 평생의 꿈을 향해 달려가는 그의 행보는 멈출 줄 모르고 계속되는데….

2. 소명을 아는 소년 15
어두운 곳에 복음의 빛을 비추기로 결심한 캐머런은 자신의 선교적 사명을 이해하지 못하는 아버지를 설득하고자 한다. 뚜렷한 목적을 품고 학업에 성실히 임하는 그에게 본격적인 사역의 길로 나갈 수 있는 기회가 주어진다.

3. 미스터 예수 39
과테말라에서 펼쳐지는 사역의 터전에서는 캐머런이 생각지 못했던 어려움이 불쑥불쑥 찾아든다. 연약한 자신을 사용하시는 하나님을 의지하며, 자신과의 싸움에서 승리하고자 고군분투하는 그의 노력과 열정은 점차 고조된다.

4. 절망, 그리고 희망 75
예고없이 발생된 지진으로 황폐해져 버린 땅에서도 캐머런은 일말의 희망을 길어올리고자 온 힘을 다한다. 성경 번역 사역을 위해 카크치켈어를 배우며 길을 확장해 가는 가운데, 그는 매 순간 하나님의 돕는 손길을 체험한다.

5. 불가능은 없다 107
로비가 죽고 나서 슬픔이 채 아물기도 전에 카크치켈 인디언 사역에 어려움이 닥친다. 그러나 그는 불가능을 가능하게 하시는 하나님을 향한 신뢰를 잃지 않는다.

6. 위클리프 캠프 143

보이지 않는 손길의 인도하심을 따라온 캐머런은 이제 성경 번역자를 양성하기 위해 캠프를 열기로 결심한다. 우물에서 물을 길어다 먹으며, 딱딱한 나무 바닥에서 잠을 청해야 하는 열악한 환경에서도 캠프는 묵묵히 진행된다.

7. 테텔칭고 마을 181

캐머런은 모렐로스의 외딴 마을에 말씀의 씨앗을 뿌리기 위해 테텔칭고 마을로 들어간다. 뷰익 차에 트레일러를 달고 낯선 세계로 들어간 캐머런의 헌신에 의해 그 마을에는 놀랍고도 감격적인 변화들이 일어난다.

8. 식지 않는 선교의 열정 217

아내 엘비라의 죽음을 맞은 이후에도 캐머런은 선교 행보를 멈추지 않는다. 그러한 캐머런의 걸음에는 일레인이 동행하게 된다. 새로운 가정을 일구어 자녀를 얻게 된 그의 삶에는 갖가지 희노애락이 교차한다.

9. 아름다운 선교 생애의 열매 245

진정 하나님을 신뢰하고 그분의 인도하심을 따랐던 캐머런 타운센드. 그가 성실히 심고 가꾼 선교의 씨앗은 어느덧 싹이 트고 꽃이 피며 왕성히 성장하였다. 그의 사역에 하나둘 열매가 맺혀 가는 가운데 캐머런은 물러설 때가 온 것을 깨닫는다.

캐머런 타운센드에게 배우는 열정적인 신앙생활에 필요한 6가지 태도
캐머런 타운센드의 생애와 연혁
참고 문헌

한국어판 편집자 서문

이 시대에는 '영웅'이 아닌 '스타'가 넘쳐난다. 인격이나 성품, 그리고 삶에서 본받을 만한 요소와는 관계없이 사람들의 이목을 끌어당길 만한 요소가 있으면 누구나 스타가 된다. 그리고 많은 청소년이 스타의 말과 행동, 스타일을 맹목적으로 섬기고 따라한다.

이것이 현세대의 자화상이라는 사실을 감안하면, 세상 가치에 따라 부여된 인기를 누리는 스타가 아닌 자신의 삶을 하나님께 온전히 내어드려 크게 쓰임 받은 믿음의 영웅들을 만날 필요가 어느 때보다도 절실함을 깨닫게 된다.

예수전도단에서 꾸준히 출간하고 있는 〈믿음의 영웅들〉 시리즈는 하나님께 쓰임 받은 믿음의 선배들이 그분의 부르심을 어떻게 발견하고, 믿음의 길을 선택했는지 보여 준다. 그들은 충분히 자신의 유익을 추구하며 편안하게 살 수도 있었지만, 자신의 삶을 온전히 하나님께 바치며 그분이 초청하는 더 넓고 깊은 삶을 향해 나아갔다. 그들이 경험한 믿음의 모험을 이 시대 청소년들이 〈믿음의 영웅들〉 시리즈를 통해 직접 보고 느끼기를 소망한다. 또한 그들의 헌신적인 삶이 많은 청소년에게 하나님의 부르심에 응답하는 삶의 가치와 특권을 깨닫게 하는 데 귀감이 되기를 바란다.

이번에 소개하는 믿음의 영웅은 모든 민족에게 성경을 보급하는 일에 생애를 걸었던 캐머런 타운센드이다. 그는 하나님의 말씀을 모국어로 읽을 수 없는 소수 민족을 안타까이 여기며 그들만의 언어를 체계화하는 한편, 각 민족 고유의 언어로 성경을 번역하는 일에 헌신하였다. 또한 그는 '위클리프 성경 번역회'를 설립하여 성경의 보급과 확산에 큰 기여를 하였다.

캐머런 타운센드는 선교에 있어 가장 중요한 기반이 되는 성경의 귀중함을 알았던 자였다. 즉, 그는 살아 있는 성경 말씀의 위력을 알고 있었다. 캐머런 타운센드의 열정 어린 생애를 읽는 동안 이 책에 담긴 성경 말씀의 능력을 깨닫게 될 것이다. 시대와 공간을 초월하여 역사하는 성경 말씀을 들고 열방 가운데 나아가는 믿음의 도전자들이 이 땅 곳곳에서 일어나게 되기를 기도한다.

Chapter 1

대통령 집무실

캐머런 타운센드는 의자에 앉아 주위를 둘러보았다. 그는 지금 자신이 백악관의 대통령 집무실에 앉아 있다는 사실이 믿기지 않았다. 정교하게 세공된 맞은편 책상 앞에는 미국 대통령 리처드 닉슨(Richard Nixon)이 캐머런을 향해 시선을 고정시킨 채 앉아 있었다.

캐머런 타운센드가 대통령을 접견한 것은 이번이 처음은 아니었다. 사실 그는 세계 각국의 대통령과 주요 인사들을 만난 경험이 여러 번 있었다. 멕시코의 전 대통령 중에는 캐머런과 절친한 친분을 맺은 경우도 있었다. 하지만 미국 대통령과의 대면은 뭔가 색다른 점이 있었다. 대부분 미국인은 일생에 단 한 번이라도 대통령을 만나는 꿈에 부풀기 마련인데, 캐머런 타운센드는 불과 몇 미터 앞에서 그를 마주 대하고 있는 것이었다.

캐머런은 대통령에게 자신을 소개하고 나서, 자신이 설립한 '위클리프 성경 번역회'(Wycliffe Bible Translators)에 대한 이야기를 꺼냈다.

"얼마 전 저희 위클리프 성경 번역회에서 500번째 언어로 성경 번역을 시작했습니다." 이에 닉슨 대통령은 감탄 어린 시선으로 캐머런을 바라보더니, 책상 앞으로 바짝 다가앉으며 말했다.

"굉장한 업적을 이루었군요! 이는 두 가지 점에서 대단한 일이라고 생각됩니다. 첫째는 사람들에게 그들의 언어로 된 성경을 주는 것이고, 둘째는 성경을 읽도록 가르치는 것이지요. 자, 내가 도울 만한 일이 있다면 말씀해 보십시오."

캐머런은 숨을 한 번 크게 들이마셨다. 대통령이 그를 돕겠다고 선뜻 제의하지 않는가! 이는 기대치 이상의 엄청난 기회였다. 그는 신중히 할 말을 생각한 후 입을 열었다.

"대통령 각하, 저희는 여전히 감당해야 할 과업이 많습니다. 아직도 이 지구상에는 성경은 물론 문자조차 갖고 있지 않은 종족들이 2,000개가 넘습니다. 저희가 그 많은 일을 하려면 8,500명의 새로운 성경 번역가를 모집해야 합니다. 이 나라 전역에서 청년 지원자들을 모집할 때 사용할 수 있도록 추천의 편지 한 장 써 주실 수 있겠습니까?"

닉슨 대통령은 만면에 환한 미소를 지으며 답했다. "물론 그렇게 하지요. 그러한 일로 추천서를 쓰는 것은 내게도 영광스런 일입니다."

캐머런은 닉슨 대통령과 악수를 했고, 그것으로 접견이 끝났다. 그는 마지막으로 대통령 집무실을 나오기 전에, 호화롭게 치장된 사무실을 힐끗 쳐다보았다. 지난 시절, 옥수숫대로 이은 오두막이나 천막에서 지냈던 캐머런에게 백악관 같은 건물은 상상 못할 호사였다. 그러나 오두막과 천막 생활을 백악관에서의 하룻밤과 맞바꾸고 싶지는 않았다.

비록 생활환경은 근근이 먹고사는 정도였으나, 그는 언제나 평생의 꿈을 향해 달려왔다. 게다가 그는 지위, 권력, 명성 따위를 조금도 중요하게 여기지 않았다. 다만 그의 관심사는 자신의 언어로 기록된 성경을 갖지 못한 사람들에게 모국어 성경을 읽을 기회를 주는 것이었다. 오늘 백악관에 와서 대통령을 만난 이유도 순전히 그 때문이었다.

캐머런은 백악관 밖으로 걸어 나왔다. 자신의 희끗희끗

한 머리카락처럼 하얀 눈발이 휘날리는 차가운 날씨였다. 그는 국회의사당을 바라보며 걷는 동안 캘리포니아 남부에서의 어린 시절을 떠올렸다.

고교 시절 친구들은 캐머런이 10년 내에 국회의원이 될 거라고 장담했다. 그러나 지금 그의 인생행로는 얼마나 달라져 있는가! 그럼에도 캐머런은 국회의원이 되어도 못 만날 세계 여러 나라의 지도자를 선교사이자 언어학자로서 만날 수 있었다. 다우니 마을 친구들이 캐머런의 숱한 우여곡절을 알게 되면 뭐라고 말할까? 캐머런 자신조차 예상하지 못한, 그러나 단 한순간도 후회가 없는 인생이었다.

Chapter 2

소명을 아는 소년

이른 새벽, 열네 살의 캐머런 타운센드는 닭 울음 소리를 들으며 자리에서 일어났다. 때는 1910년 7월의 어느 날이었다. 캐머런과 남동생 폴(Paul)이 함께 머무는 방 안에는 어스름하게 먼동이 트고 있었다.

눈을 비비던 캐머런은 뭔가 특별한 일이 있다는 생각을 했다. 그러다 불현듯 그게 뭔지 생각이 났다. 오늘은 어머니, 남동생과 함께 프레즈노에 가는 날이었다. 캐머런의 누나들인 오니(Oney), 에델(Ethel), 룰라(Lula), 메리(Mary)는 함께 가지 않기로 했다. 누나들은 바빠서 프레즈노의 친척을 방문하는 일은 안중에도 두지 않았다. 주로 다른 볼일이 있거나 남자 친구를 만나는 일 따위였다.

캐머런의 아버지 윌 타운센드(Will Townsend) 역시 프레즈노에 갈 수 없었다. 온 가족이 세 들어 사는 작은 농장에 가서, 수확을 앞둔 토마토를 돌봐야 하기 때문이었다. 그 후에 아버지는 로스앤젤레스를 몇 번 왕복하면서 농산물 시장에 토마토를 내다 팔 예정이었다.

이제까지는 아버지와 함께 마차를 타고 로스앤젤레스를 여행하는 일이 가장 신 나고 재미있었다. 그러나 거리가 15km밖에 안 되는 로스앤젤레스와는 달리, 이번 여행지는 훨씬 먼 곳이었다. 오늘은 난생 처음 기차를 타고 북쪽으로 350km나 떨어진 프레즈노에 갈 예정이었다. 캐머런이 지금껏 가 본 곳 중에서 가장 먼 곳은, 다우니에서 남쪽으로 20km 정도 떨어진 롱비치였다. 캐머런의 가족은 매년 롱비치로 소풍을 가서, 배가 태평양 연안으로 나아가는 모습을 지켜보았던 것이다.

잠에서 깬 캐머런은 침대에서 빠져나와, 반질반질 윤나게 닦은 마룻바닥에 내려섰다. 빨리 자신의 일거리를 끝내고 떠날 채비를 해야 했다. 낡은 꽃무늬 커튼을 젖히니 바로 응접실이 나왔다. 캐머런과 폴의 방은 커튼 하나로 응접실과 분리되어 있을 뿐이었다. 방에서 나온 캐머런은 얼른 부엌으로 들어갔다.

아버지는 벌써 스토브 왼편의 낡은 흔들의자에 앉아 계셨다. 아버지는 매일 아침 즐겨 앉는 그 자리에서 여느 때처럼 성경을 읽었다. 캐머런의 아버지는 아침마다 성경을 세 장씩 읽었으며, 일요일에는 다섯 장씩 읽었다. 캐머런은 아버지를 향해 손짓하며, 양동이를 들고 수돗가에 가서 세수를 했다. 세수를 끝낸 캐머런은 재빨리 작업복으로 갈아입은 뒤, 아버지가 소젖 짜는 일을 도우러 갔다.

"얘야, 잘 잤니?" 아버지는 여느 때처럼 큰 소리로 아침 인사를 건넸다.

캐머런은 아버지가 자신의 입술을 읽을 수 있도록 고개를 돌려 "안녕히 주무셨어요?" 하고 또박또박 말했다. 그러고 나서 캐머런은 암소 옆에 놓인 나무 의자에 털썩 주저앉았다. 이윽고 그는 암소의 옆구리에 앞이마를 댄 채, 소의 젖통을 잡고 손을 위아래로 움직여 나무 들통에 젖을 짰다.

일하는 중에도 두 사람은 말이 없었다. 그럴 수밖에 없는 이유가 있었다. 바로 캐머런의 아버지가 귀머거리이기 때문이었다. 어머니의 설명에 의하면, 아버지는 콜로라도에서 건축 인부로 일하던 중에 사고를 당한 뒤로 서서히 청각을 잃게 되었다고 한다. 그나마 다행스럽게도 상대방의 입술 모양을 보며 무슨 말인지 짐작할 수는 있었다. 비록 자신의 목소리 크기를 짐작하지는 못해도, 아버지는 말하기와 노래 부르기를 좋아했다.

  나무 들통은 곧 하얀 우유로 가득 찼다. 아버지와 캐머런은 들통을 들고, 여덟 식구가 오밀조밀 모여 사는 작고 허름한 농갓집으로 걸어갔다. 집에 도착하니 어머니는 이미 오트밀을 요리하여 아침 식사를 준비해 놓았고, 폴은 그 옆에서 식탁 차리는 일을 거들었다. 곧이어 캐머런의 누나들이 침실에서 나왔고, 모든 가족이 식탁 주위에 빙 둘러앉게 되었다. 이윽고 아버지의 감사 기도로 식사를 시작했다.

  아침 식사 후, 메리와 오니는 설거지를 하고 룰라는 선반 위에 놓인 커다란 가죽 성경을 꺼내 왔다. 아버지가 성경 한 장을 읽는 동안에는 모두 조용히 앉아 듣다가, 성경 읽기가 끝나자 찬송가 한 곡을 불렀다. 그날의 찬송은 아버지가 가장 좋아하는 "나 같은 죄인 살리신"(Amazing Grace)이라는 곡이었다. 아버지의 우렁찬 목소리가 울려 퍼지자, 집 안에는 한결 활기가 넘쳤다.

  캐머런과 폴은 음정을 무시한 아버지의 노랫소리에 웃음이 터지려는 것을 간신히 참고 있다가, 어머니 얼굴을 한 번 쳐다보자마자 정색하며 표정을 고쳤다. 어머니도 평소에는 농담을 좋아하시긴 했지만, 자녀가 아버지를 비웃는 것은 절대 용서하지 않았다. "사람은 누구나 존귀하단다. 모두가 자신의 재능을 십분 발휘하도록 기회를 부여받았지." 어머니는 항상 누이 강조하셨다.

아버지의 기도를 마지막으로 아침 가정예배를 마쳤다. 아버지는 언제나 동일한 말로 기도를 맺었다. "물이 바다를 덮음 같이 여호와를 아는 지식이 세상에 충만하게 하소서." 모든 가족이 일제히 "아멘!"을 외쳤다. 캐머런과 폴은 어머니가 다락에서 꺼내 온 검은색 캠프용 가방을 들고 짐을 꾸리러 갔다.

한 시간 후, 캐머런과 폴은 마차의 뒷좌석에 앉았다. 모두 좌석에 자리를 잡자 아버지는 마차를 출발시켰다. 그들은 11시에 프레즈노로 출발하는 열차를 타기 위해, 울퉁불퉁한 시골길을 달려 기차역으로 향했다.

프레즈노에서

기차 좌석에 나란히 앉은 캐머런과 폴은 창문에 얼굴을 바짝 붙인 채, 정신없이 차창 밖을 내다보았다. 샌 가브리엘

산의 웅장한 산맥이 나타나자 저절로 입이 벌어졌다.

"쌍둥이인가요?" 기차표를 점검하며 지나가던 차장이 캐머런의 어머니에게 물었다.

"아니에요, 그냥 똑같이 생겼을 뿐이에요."

그 말은 사실이었다. 캐머런은 폴보다 두 살이 많았고 키도 약간 컸지만, 생김새는 영락없는 쌍둥이로 느껴질 만큼 비슷해 보였다. 단지 폴은 갈색 눈에 갈색 머리를, 캐머런은 푸른 눈동자를 가졌을 뿐이었다. 그러나 옆 가르마를 탄 모습이나, 넓은 이마에 귀가 약간 앞으로 튀어나온 모습은 정말 똑같았다.

두 형제의 겉모습은 비슷했지만 취향은 매우 달랐다. 캐머런은 무언가 알아맞히기를 좋아했다. 수수께끼든 추리물이든 퀴즈든, 골똘히 생각해서 풀어 나가는 문제라면 무엇이든 좋아했다. 반면에 폴은 손으로 하는 일들을 잘했다. 다우니 마을에는 이따금 자동차들이 지나다녔는데, 폴은 자동차 안을 넋 놓고 쳐다보면서 피스톤과 기화기가 어떻게 움직이는지 궁금해했다.

캐머런이 탄 기차는 초목이 우거진 시골 마을을 지나갔다. 끝없이 이어진 논밭에는 수확기에 접어든 작물들이 열매를 주렁주렁 매단 채 밭고랑을 따라 심겨 있었다. 이윽고 오후 5시가 되자, 기차는 프레즈노 기차역에 들어섰다. 그때 창문을 내다보던 캐머런의 어머니가 갑자기 환한 미소를 지으며 손을 흔들었다. 캐머런은 어머니가 누구를 보며 반가워하는지 궁금한 마음에 창밖을 바라보았다. 캐머런은 언젠가 응접실 벽에 걸린 외가 사진 속에서 보았던, 이모와 외할아버지의 얼굴을 알아보았다.

플랫폼에 내린 캐머런은 이 사람 저 사람과 여러 차례 포옹과 인사를 거친 뒤에야 마차를 타고 이모네 집으로 향할 수 있었다. 캐머런은 이모 집에 도착한 즉시 사촌들과 어울려 온 동네를 쏘다녔다. 어머니와 이모 부부는 집 안에서 커피를 마시며, 1910년에는 작년보다 농산물 가격이 더 좋았다느니, 그나마 기차표를 구입할 돈이 있어 다행이라느니 하며 이야기를 나누었다.

프레즈노의 7월은 캐머런이 사는 다우니 마을보다 더 무더웠다. 마침 에델 누나가 캐머런의 생일인 7월 9일에 맞춰 새로운 수영복을 만들어 주었기에 다행이었다. 신이 난 사촌들은 캐머런과 폴을 데리고 용수로 근처에 있는 동네 수영장으로 갔다. 사촌들은 물속에 텀벙 뛰어들어 서로 소리를 지르며 멀리 가기 시합을 했다.

캐머런은 그 모습을 부러운 듯이 바라보았다. 자신은 수영을 못한다는 말을 하기가 왠지 창피했다. 한동안 망설이며 보고만 있던 캐머런은 한번 도전해 보고 싶은 마음이 들었다. 캐머런은 두근대는 가슴을 진정시키며 뒤로 몇 발짝 물러나 물속에 뛰어들 준비를 했다. 사촌들이 그렇게 하는 모습을 보니 별로 어려울 것 같지도 않았다. 그저 머리가 잠길 정도로 깊은 곳에만 가지 않으면 안전할 것이다.

캐머런은 거의 바닥에 꽂힐 듯한 기세로 물속에 뛰어들었다. 그 바람에 코와 귓속에 물이 들어왔다. 그는 계속 발을 아래로 내리 차면서 밑바닥에 발끝이 닿기를 바랐지만 아무것도 닿는 것이 없었다. 숨이 막혀 결사적으로 발을 흔들어 보아도 몸은 점점 가라앉기만 했다. 마침내 발끝에 흙바닥이 닿는 것이 느껴졌다. 이에 캐머런은 온 힘을 다해 발로 바닥을 차며 위로 올라갔다.

머리가 물 위로 떠오르는 순간, 그는 막혀 있던 숨을 몰아쉬면서 "도와주세요!" 하고 소리쳤다. 그러나 그의 몸은 물속으로 다시 가라앉으며 한없이 아래로 빠져들었다. 캐머런은 일순간 두려움을 느끼며 '열네 살 나이에 물에 빠져 이대로 죽게 되나 보다' 하는 생각을 했다. 캐머런은 애써 두려움을 떨치며, 1년 전에 주님을 영접한 사실을 되새겼다. 이렇게 빨리 하늘나라에 갈 마음은 전혀 없었지만, 그래도 그때 결정하기를 잘했다는 생각이 들었다.

다시 발끝이 바닥에 닿는 것이 느껴졌다. 캐머런은 온몸의 힘을 모아 바닥을 박차고 올랐다. 다시 물 위로 머리를 내밀고 도와달라고 소리쳤지만, 이번에는 목소리조차 제대로 나오지 않았다. 코와 입에 밀려드는 물을 들이키느라 힘이 빠져, 더는 물 위로 떠오를 수도 없었다. 캐머런의 몸은 점점 아래로 가라앉기만 했다. 모든 것이 적막에 싸인 듯 고요하고 아득하게 느껴졌다.

그때 누군가가 캐머런의 머리카락을 억세게 잡아당겨 물 밖으로 이끌어 내었다. 순간적으로 밝은 햇빛이 비쳐 들며, 이제는 숨을 쉬어도 좋다는 신호가 보내졌다. 숨을 내쉬자 쉴 새 없이 기침이 나왔.

"캐머런이 나왔어! 이제 괜찮을 거야!" 사촌 형이 크게 내지르는 소리가 들려왔다. 캐머런은 물 밖으로 기어 나와, 마셨던 물을 토해 내기 시작했다.

캐머런은 한동안 용수로 옆의 잔디에 누워 하늘을 바라보았다. 자신이 물에 빠져 죽음 직전까지 갔다는 사실이 믿기지 않았다. 캐머런은 지금까지 죽음에 대해 생각해 본 적이 한 번도 없었다. 그런데 불과 몇 분전, 그 죽음이 자신의 곁에 바짝 다가와 있었다. 그는 다시 물에 들어가고 싶지 않아, 이모의 집까지 터벅터벅 걸어갔다.

길을 걷는 동안 캐머런의 머릿속에는 삶과 죽음에 대한 생각들이 끊임없이 오갔다. 그 후 며칠 동안은 별일 없이 지나갔다. 캐머런은 이모와 사촌들에게 자신은 수영을 못한다는 사실을 털어놓았다. 그리고 두 번 다시는 깊은 물에 들어가지 않았다.

성장하는 캐머런

물에 빠졌던 그날 이후, 캐머런은 더 성숙하고 진지해졌다. 그 경험은 학교생활에도 변화를 가져왔다. 그전까지는 습관적으로 학교에 다녔을 뿐, 성적이 '수'가 나오든 '우'가 나오든, 심지어 '미'가 나오든 크게 개의치 않았다. 그러나 가을 학기가 시작된 뒤로는 다부진 각오로 학업에 임했다. 그의 목표는 열심히 공부해서 교사가 되는 것이었다. 과연 캐머런은 열심히 공부한 덕분에 학급 우등생이 되었다.

1910년대에는 공부를 잘하는 것만으로 충분하지 않았다. 대부분 학생이 8학년을 마친 뒤에 학교를 중퇴하고 직장을 구해야 하는 형편이었다. 캐머런도 예외일 수 없었다. 가족을 부양하려는 부모의 힘겨운 노력에도 불구하고 그저 근근이 생계만 유지될 뿐이었다. 이에 캐머런은 자신이 나서서 돈을 벌어 가족을 도울 차례라고 생각했다. 그러나 누나들은 펄쩍 뛰며 말렸다.

그해 여름, 결혼을 앞둔 룰라 누나는 자신의 결혼을 1년 뒤로 미루겠다고 했다. 계속 비서 일을 해서 모든 수입을 부모님께 드리고, 캐머런을 9학년까지 마치도록 뒷바라지하겠다는 것이었다. 룰라의 약혼자는 그러한 결정에 불만을 표시했다. 그는 열네 살이나 된 남동생이 학업을 계속해야 하는 이유가 무엇이며, 왜 누나가 동생을 책임져야 하느냐고 따졌다. 룰라가 가족을 돕겠다는 마음을 돌이키지 않자, 결국 그는 약혼을 파기해 버렸다.

캐머런이 9학년으로 진급하기 전, 룰라는 산타아나에 있는 더 좋은 직장으로 옮기게 되었다. 그해 여름에는 온 가족이 산타아나 부근의 농장으로 이사했다. 캐머런은 산타아나의 학교로 전학했고, 9학년에 등록하여 열심히 공부했다. 또한 인근의 감리교회 중고등부에 다니기 시작했다.

어느 날은 캐머런이 속한 반의 담당 교사인 유진 그리셋(Eugene Griset)이라는 청년이 캐머런을 환영하기 위해 집에 찾아왔다. 그렇게 차츰 그의 방문이 빈번해지더니, 캐머런이 집에 없는 날에도 그가 찾아오는 일이 종종 생겼다.

캐머런은 그에게 뭔가 다른 속셈이 있다는 것을 즉시 눈치 챘다. 말로는 캐머런을 만나러 오는 것이라고 했지만, 사실 유진은 룰라를 보러 오는 것이었다. 과연 얼마 지나지 않아 유진과 룰라는 정식으로 사귀는 사이가 되었다. 이 두 사람은 캐머런이 9학년을 마칠 즈음 결혼했다.

이로써 온 가족이 다시 한 번 이사를 하게 되었다. 이번에는 캐머런이 입학한 콤프턴 고등학교 근처의 클리어워터라는 지역이었다. 이전보다 조금 나아진 가정 형편 덕분에 캐머런은 콤프턴 고등학교를 12학년까지 마칠 수 있었다.

캐머런은 학교에 다니면서도 힘닿는 대로 돈을 벌었다. 그는 외진 곳에 거주하는 학생들을 마차에 태워 통학시키는 일을 했다. 캐머런은 날이 궂으나 좋으나 마차를 몰았다. 그 대가로 학교에서는 그에게 매달 70달러씩 지불했다.

처음에는 대단한 보수라고 생각했지만, 알고 보니 말들을 먹이고 돌보는 비용도 그 안에서 해결해야 했다. 그는 한 달 동안의 모든 수입을 집에 고스란히 가져갔다. 그때마다 부모님은 아들이 힘들게 번 돈을 고마워하며 받았다.

고등학교에서도 캐머런의 성적은 우수했다. 그는 연극반에서도 주연을 도맡아 했고, 1914년에는 학교 연감을 편집하는 일을 했다. 또한 토론회 활동도 열심히 했으며, 테니스 경기에서 우승을 하기도 했다. 가족의 희생으로 고등교육을 받게 되었다는 생각 때문에, 어떤 면에서도 뒤처지거나 시간 낭비를 하고 싶지 않았다. 12학년 말 최종 성적이 발표되었을 때, 캐머런은 수석 졸업생으로 호명되었다. 그러나 그는 전학생이었기에 졸업생 대표가 될 수는 없었다.

1914년에는 고등학교 졸업생들에게 암울한 그림자가 드리워졌다. 영국과 프랑스가 독일을 상대로 선전포고를 내렸고, 이에 유럽이 동요하고 있었던 것이다. 미국의 앞날이 어떻게 될지는 누구도 예측할 수 없는 형편이었다.

캐머런의 장래 또한 불투명했다. 이제 교사가 되겠다는 꿈은 그리 마음에 와 닿지 않았다. 대신 그의 마음에는 다른 계획이 자리 잡았다.

캐머런의 결심

캐머런 타운센드는 옥시덴탈 대학 정문 앞에 섰다. 그곳은 로스앤젤레스에 있는 장로교 인문 대학이었다.

1914년 가을, 새 학년이 시작될 무렵이었다. 고등학교를 졸업한 캐머런은 여름 내내 배에서 사환으로 일하며 돈을 벌었다. 그가 일했던 배는 샌디에이고와 밴쿠버를 오가는 증기선 프레지던트호였다. 캐머런은 그 일을 하면서 새로운 체험을 하며 식견을 넓힐 수 있었다.

선원들의 국적은 매우 다양했는데, 그들은 순진한 캐머런에게 농담을 걸면서 놀리기를 좋아했다. 그래도 캐머런은 개의치 않았다. 어쨌든 돈을 벌 수 있었기 때문이다. 게다가 절약만 잘하면, 장로교회에서 수여하는 소정의 장학금을 합해 대학에 입학할 수 있기 때문이었다.

옥시덴탈 대학의 깔끔한 포장로를 지나 대학 사무실로 향하는 동안, 캐머런은 '나의 미래도 이렇게 곧고 반듯하게 되겠지' 하고 생각했다.

12학년이 되면서 장로교 목사가 되기로 다짐한 캐머런의 결심은 그때까지 한 번도 흔들린 적이 없었다. 그 다짐대로 목사가 되려면 옥시덴탈 대학교에서 4년을 공부한 뒤, 다시 신학대학원에 들어가서 마지막 학업을 이수해야 했다. 그럼에도 캐머런의 가족들은 그의 결정을 열렬히 환영했다. 누나들은 캐머런이 학비 걱정 없이 학업에만 전념할 수 있도록, 힘닿는 대로 보탬이 되어 주겠다고 약속했다.

옥시덴탈 대학교에서의 생활은 꽤 순조로웠다. 그는 첫 학기에 일반 교양과목과 스페인어를 공부했다. 또한 토론 클럽에 참가하여 친구들도 많이 사귀었다. 그중에는 캐럴 바이람(Caroll Byram)과 '로비'라는 애칭으로 불리는 엘버트 로빈슨(Elbert Robinson)이 있었다. 캐머런보다 열 살이나 많은 로비는 대학 기독교 학생회(Young Men's Christian Association, YMCA) 모임의 회장이자, 학생자원운동(Student Volunteer Movement, SVM)의 열성 회원이었다.

학생자원운동은 총명하고 우수한 학생들이 해외 선교에 헌신하도록 장려했는데, 특히 중국과 인도에 많은 선교사를 파송했다. 실제로 학생자원운동은 만 명이 넘는 선교사들을 파송했는데, 이는 전 세계 개신교 선교사의 절반에 해당하는 숫자였다. 로비가 학생자원운동에 대해 침을 튀기며 이야기할 때면, 캐머런은 예의상 조용히 듣기만 했다. 그러나 그 단체에 대해 특별한 관심이 생기지는 않았다. 다만 '나의 목회지는 미국일 뿐이야' 하고 단정할 뿐이었다.

1학년을 마친 이듬해 여름방학, 캐머런은 잡지 판매원으로 일하게 되었다. 하지만 그는 그 일이 전혀 마음에 들지 않았다. 다시 프레지던트호에서 일하며 고정 수입을 벌고 싶은 마음뿐이었다. 어쨌든 그는 판매원 일로 돈을 벌어 다음 학년을 등록할 수 있었다.

새 학기가 시작되고 나서 얼마 후, 학생자원운동의 책임자인 존 모트(John Mott)가 옥시덴탈 대학 강사로 초빙되었다. 로비는 캐머런에게 함께 가자는 제안을 했고, 캐머런도 그 제의를 흔쾌히 받아들였다. 나중에 목사가 되려면 전 세계에서 일어나는 선교 현황에도 밝아야 한다는 생각이 들었다. 그러나 모임 분위기가 고조될수록, 캐머런은 단순한 구경꾼이 아닌 진지한 '경청자'로 자리매김하게 되었다.

모임이 끝난 뒤, 캐머런은 학생자원운동의 회원이 되겠다고 서명했다. 외국 선교사 후보로서가 아니라, 단지 선교사가 되는 것을 고려해 보겠다는 의도에서였다. 회원 명부에는 가입 이유를 적는 칸이 있었다. 평소 자신의 생각을 조리 있게 이야기하던 캐머런이었지만, 딱히 이유를 댈 수 없어 그저 '나도 잘 모르겠음'이라고만 적었다.

다음 날 로비는 캐머런에게 책 한 권을 건네주었다. 《허드슨 테일러의 청년 시절》(*Hudson Taylor in Early Years*)이라는 책이었다. 캐머런은 그 책을 처음부터 끝까지 탐독하고 난 뒤, 만약 자신이 선교사가 된다면 허드슨 테일러 같은 사람이 되고 싶다는 생각을 했다. 허드슨 테일러는 자신이 자라난 문화를 떠나 중국인들에게 복음을 전하기 위해 중국인처럼 살았던 사람이었다.

"저, 해외 선교에 참여할 생각이에요."

캐머런의 이 말에 가족들은 탐탁지 않은 반응을 보였다.

어머니는 눈물까지 글썽이며 "미국에도 할 일이 많이 있지 않니?" 하고 서운함을 표시했다. 캐머런도 어머니의 말에 대답할 말이 없었다. 미래가 그리 밝지 않기 때문이었다.

선교사로의 부르심

미국은 제1차 세계대전에 참전할 태세를 취했다. 토마스 우드로 윌슨(Thomas Woodrow Wilson) 대통령은 미국이 유럽의 전쟁에 가담하는 것을 되도록 피하려 했지만, 캐머런을 비롯한 대부분 미국인은 참전이 불가피하다는 사실을 직시했다.

이러한 상황에 캐머런과 그의 친구 캐럴 바이람은 징병이 되기 전 군대에 자원입대하는 것이 현명하리라는 판단을 내렸다. 자원입대를 하는 사람에게는 부대와 역할을 정할 수 있는 선택권이 주어졌다. 이에 두 사람 모두 미국 주 방위군에 입대하기로 했다. 특히 캐럴 바이람은 주 방위군에서 제공하는 기술 훈련에 관심이 많았다. 캐머런은 기술 훈련에는 별 관심이 없었지만, 친한 친구인 캐럴과 함께 군 생활을 하고 싶었다.

유럽의 전쟁 상황이 어떻게 진행되는지 신경을 곤두세우

고 있는 동안, 캐머런의 가족들은 인근의 작은 집과 다소간의 농지에 세를 놓고 이사했다. 캐머런이 3학년이 되었을 때 가정 형편은 다시 빠듯해졌다. 그는 돈을 얼마라도 절약하기 위해 가족과 함께 지냈으며, 남는 시간에는 아버지를 도와 보리나 귀리를 수확하는 일을 했다.

캐머런의 부모님은 미국 목사가 아닌 선교사가 되려는 아들의 계획에 찬성하지 않았다. 캐머런은 틈틈이 아버지에게 글을 써서, 자신이 선교사가 될지도 모른다는 것을 설명하려 애썼다. 말을 알아듣지 못하는 아버지께는 글로 쓰는 것이 최선의 대화 방법이었다. 캐머런이 글을 쓸 때마다 아버지는 더 자세한 설명을 요구했다. 하지만 자신도 구체적으로 계획을 세운 것이 아니기 때문에 "가장 어둠이 깊은 곳이 가장 복음이 필요한 곳입니다"라고만 적어서 보여주었다. 아버지는 알았다는 듯이 고개를 끄덕였다.

가정예배 때마다 아버지는 언제나 동일한 기도로 끝을 맺었다. "물이 바다를 덮음 같이 여호와를 아는 지식이 세상에 충만하게 하소서." 캐머런의 아버지는 그동안 하나님께 늘 올려드렸던 기도를 이루기 위해 아들이 선교 일선에 뛰어들려 한다는 것을 깨닫게 되었다. 캐머런은 아버지가 자신의 의도와 결심을 이해한다는 사실에 안도했다.

그 후 1917년 1월, 캐머런은 해외 선교에 뛰어들겠다는 자신의 결심을 시험해 볼 만한 흥미로운 기회를 만나게 되었다. 로스앤젤레스에 있는 '성서의 집'에서 중앙아메리카와 남아메리카의 외딴 지역에 성경을 판매할 사람을 모집한다는 광고가 났던 것이다.

캐머런은 여름방학 동안 그 일을 하면 좋겠다는 생각으로 모집 공고에 지원했다. 이에 일주일 후 답장이 도착했다. 캐머런이 과테말라의 성경 판매원으로 채용이 되었다는 소식이었다. 과테말라가 어디에 붙은 나라인지도 몰랐던 캐머런은 낡은 지도를 펼쳐 들고 자세히 들여다보았다. 이윽고 캐머런은 과테말라가 멕시코 옆에 붙어 있는 자그마한 나라임을 알아냈다. 그는 계속 지도를 뚫어지게 바라보며 '과연 과테말라는 어떤 곳일까' 하는 상상을 했다.

그로부터 3개월이 지나 1917년 4월이 되었다. 과테말라에 가려는 캐머런의 계획은 아무래도 실현 가능성이 희박해 보였다. 마침내 미국이 제1차 세계대전에 참전하기로 결정했던 것이다. 어느 순간에 영장이 날아와 캐머런과 캐럴이 전쟁터에 불려 갈지 알 수 없는 상황이었다.

그런 상황에 로스앤젤레스 '성서의 집' 책임자 스미스(Smith) 씨가 캐머런을 찾아왔다. 그는 스텔라 짐머만(Stella

Zimmerman)이라는 여인이 캐머런을 만나고 싶어 한다는 이야기를 전했다. 과테말라의 선교사였던 스텔라는 당시 로스앤젤레스를 방문 중이었다. 캐머런은 뜻밖의 제의에 놀라며, 스미스 씨에게 공손히 사정을 설명했다. "만나 봐야 소용없을 것 같습니다. 군에서 연락이 왔거든요. 얼마 있으면 배를 타고 프랑스로 떠나야 된답니다."

그래도 스미스 씨는 요동치 않았다. "한번 만나 보는 거야 손해 볼 것 없지 않은가? 짐머만 선교사가 이 지역에 있으니 말일세. 전쟁이 영원히 지속될 리도 없는데…. 좋은 기회 놓치지 말게." 딱히 거절할 이유를 찾지 못한 캐머런은 다음 날 저녁에 짐머만 선교사를 만나기로 약속했다.

스텔라와의 만남

시간이 흐를수록 캐머런은 짐머만 선교사를 만나기로 약속한 것이 은근히 후회가 되었다. 노처녀 선교사와 대화 도중 이야깃거리가 떨어져서 분위기가 어색해지면 어떻게 할까 싶기도 했다. 이에 캐머런은 로비에게 함께 가자고 졸랐다.

약속 장소에 도착한 캐머런은 스텔라 짐머만이 서른 살 정도밖에 안 된 젊은 아가씨라는 사실에 놀랐다. 스텔라는 호리호리한 몸매에 키가 컸으며 아름다운 금발이었다. 서로를 소개하고 나자, 스텔라는 곧장 과테말라에 대한 이야기로 화제를 돌렸다. 그 묘사가 어찌나 실감났는지, 프랑스 대신 과테말라로 떠나고 싶은 마음이 간절해질 정도였다.

스텔라는 모국어로 복음을 전해 듣지 못한 종족들이 과테말라에 얼마나 많은지를 일일이 설명했다. 그러고 나서 스텔라는 캐머런의 눈을 똑바로 응시하며 물었다. "캐머런, 언제 올 거죠?"

'사실 저는 못 가게 되었습니다'라고 말하기가 난처한 상황이었다. 처음부터 그 사실을 솔직하게 털어놓지 못한 것이 후회됐다. 뭐라 대답하지 못한 채 우물쭈물하는 사이, 옆에 있던 로비가 그를 거들었다. "캐머런은 갈 마음이 있어요. 하지만 주 방위군의 상병이기 때문에 소집령을 기다리는 중입니다." 이번에 스텔라는 로비를 향해 '당신은 어떠냐?'는 눈빛을 던졌다. 이에 로비는 재빨리 자신의 입장을 해명했다. "나는 사관훈련학교에 지원하려고 생각 중이죠. 우리 모두 전쟁에서 빠져나갈 수는 없으니까요."

"정말 겁쟁이들이로군요!" 스텔라가 화난 표정으로 말을 뱉었다. "당신들은 이미 수백만의 군인들이 나가 싸우고 있는 전쟁터로 가겠다고 하면서, 하나님의 일은 여인들에게 맡겨 버릴 건가요? 하나님은 중앙아메리카에서 당신들 같은 청년을 필요로 하고 계신다는 걸 잊지 마세요!"

캐머런과 로비는 할 말을 잃은 채 바닥만 내려다보았다. 맞는 말이었다. 매일 수만 명의 청년들이 배를 타고 유럽의 전쟁터로 향했다. 그러나 캐머런으로서도 어쩔 수 없는 노릇이었다. 주 방위군에 자원입대하기 전에 스텔라를 만났다면 모르지만, 지금은 너무 늦었다.

로비가 캐머런을 바라보며 물었다. "우리가 중앙아메리카에 가는 것을 어떻게 생각해?"

캐머런은 로비를 마주 바라보며 '그게 무슨 소리냐'는 표정을 지었다. "언제 소집이 될지 모르는 판국인데 무슨 말이에요, 형? 더구나 사지가 멀쩡한 사람은 면제되는 경우가 없어요."

로비는 캐머런의 어깨에 손을 얹은 채 눈을 반짝이며 말했다. "면제되도록 기도해 보자!"

캐머런은 한동안 대꾸할 말을 찾지 못하다가, 이윽고 어깨를 으쓱하며 중얼거렸다. "만약 하나님이 원하신다면 그 뜻에 따라야겠죠."

로비와 스텔라는 마치 공모라도 한 것처럼 입가에 의미 있는 미소를 지었다. 한편 캐머런은 과한 열정으로 무모한 결심을 한 것이 아닌가 하는 생각이 들었다. 그러나 아무리 생각해도 소집명령을 빠져나갈 구멍은 없을 것 같았다.

어쨌든 주 방위군에서 면제가 되면 과테말라로 가겠다고 약속했으므로, 거절 받을 것이 뻔했지만 일단 면제 신청을 해보기로 했다. 캐머런의 역사학 교수는 그 지역 주 방위군의 대위에게 청원서 작성하는 일을 도와주었다.

대위가 청원서를 보는 즉시 눈을 부릅뜨며 "무슨 헛소리냐!" 하고 야단칠 것 같았지만, 희한하게도 그런 일은 벌어지지 않았다. 대위는 청원서를 한 번 읽어보더니, 다시 한 번 꼼꼼히 읽었다. 그런 뒤에 그는 잠시 생각에 잠겨 있다가 캐머런을 보며 말했다. "가게. 프랑스에서 독일군을 향해 총을 쏘는 것보다 중앙아메리카에서 성경을 파는 일이 훨씬 유익할 것일세."

캐머런은 멍한 얼굴로 대위를 바라보다가, 믿기지 않는다는 듯 더듬거리며 말했다. "가, 가라구요? 면제가 되었다는 말입니까, 대위님?" 그러자 대위가 재미있다는 듯 껄껄 웃었다. "내가 분명 그렇게 말했을 텐데, 하하…."

캐머런은 이 기쁜 소식을 한시라도 빨리 로비에게 전하고 싶었다. 그렇다. 두 사람은 엉겁결에 과테말라로 떠나게 된 것이다!

복음의 중요성을 아는 사명자

부모님은 미국 목사가 아닌 선교사가 되려는 아들의 계획에 찬성하지 않았다. 캐머런은 틈틈이 아버지에게 글을 써서 자신이 어쩌면 선교사가 될지도 모른다는 것을 설명하려 애썼다. 말을 알아듣지 못하는 아버지께는 글로 쓰는 것이 최선의 대화 방법이었다. 캐머런이 글을 쓸 때마다 아버지는 더 자세한 설명을 요구했다. 하지만 자신도 정확하게 계획을 세운 것이 아니기 때문에 "가장 어둠이 깊은 곳이 가장 복음이 필요한 곳입니다"라고만 적어서 보여 주었다. 아버지는 알았다는 듯이 고개를 끄덕였다. (32쪽)

물에 빠져 있는 동안 죽음 직전의 느낌을 경험했던 유년기의 캐머런은 그 일을 계기로 한결 성숙해졌다. 그날 이후 캐머런은 모든 면에서 모범적이고 성실하게 행동하며, 학업에도 충실히 임하였다. 세계가 전쟁의 혼란으로 들썩일 때에도 캐머런은 마음의 중심을 지켰다. 그는 '어둠이 깊은 곳'에 복음이 필요하다는 사실을 인식하며, 선교사로 부르신 하나님의 뜻을 잊지 않았다. 또한 그는 자신의 입장을 이해하지 못하는 아버지께도 믿음의 언어로 설득하는 지혜를 발휘했다. 캐머런에게는 그 무엇보다 '복음'이 우선순위였기에 가능한 일이었다. 그는 일찍이 복음의 중요성을 깨닫고, 복음에 대한 사명을 감당하기 위해 준비하는 진정한 사명자였다.

"복음에는 하나님의 의가 나타나서 믿음으로 믿음에 이르게 하나니 기록된 바 오직 의인은 믿음으로 말미암아 살리라 함과 같으니라"(롬 1:17).

Chapter 3

미스터 예수

갑판에 선 캐머런과 로비는 증기선 페루호가 서서히 샌프란시스코 항구를 벗어나는 모습을 지켜보았다. 1917년 9월 15일, 두 사람은 과테말라를 향해 떠났다. 캐머런은 지난 몇 달 동안 일어난 일들을 돌이켜 보았다. 결정을 내리는 과정이 쉽지는 않았지만, 일단 군대를 면제받은 후에는 그 무엇도 거리낄 것이 없었다.

로스앤젤레스의 '성서의 집'에서는 성경을 파는 대가로 한 달에 30달러의 보수를 주기로 했지만, 캐머런과 로비는 각자 150달러의 뱃삯을 따로 마련해야 했다. 두 사람은 돈을 마련하기 위해, 여름 동안 농장에서 건초더미 묶는 일과 옥수수 심는 일을 했다. 허리가 부러질 듯 고된 육체노동이었다. 그들은 반복적인 일의 단조로움을 탈피하고자 서로 스페인 단어 알아맞히기를 했다.

한동안 로비는 소집 영장이 나오기를 기다렸지만, 여름이 지나도 그의 영장은 나오지 않았다. 그리하여 로비도 캐머런과 함께 미국 땅을 떠날 수 있게 되었다. 두 사람은 배를 타기 위해 북쪽의 샌프란시스코로 갔다. 전쟁으로 선박 무역이 위축되었기에, 미국 서안을 떠나 중부와 남부 아메리카로 향하는 배가 거의 줄어들어 있었다. 이에 대부분 선박은 샌프란시스코에서만 출항했다. 그러나 막상 샌프란시스코에 도착하니, 빠른 시일 내에 남쪽으로 항해하는 여객선 표는 오로지 1등 객실 것만 남아 있었다. 그들은 가장 저렴한 객실에 머물 생각으로 돈을 모았기에, 1등 객실 표를 살 만한 여윳돈이 없었다. 그래도 두 사람은 단념하지 않고, 부족한 금액만큼 돈을 더 벌기로 했다.

부두 근처의 싸구려 여관에 거처를 정한 두 사람은 웰스파고 선박 회사에 취직하여 뱃짐을 싣고 내리는 일을 했다. 그들은 일주일에 15달러씩 받으며, 그 돈을 최대한 절약하여 모았다. 한 푼이라도 아껴 보려고 하루 종일 삶은 계란만 먹기도 했다. 나중에는 삶은 계란만 봐도 구토가 날 정도였다. 필요한 돈을 다 모은 두 사람은 1등 객석의 배표 두 장을 구입했다. 비록 육체적으로는 힘들었지만, 앞으로 경험할 흥미진진한 모험을 생각하면 힘이 솟았다.

증기선의 프로펠러는 샌프란시스코만의 물살을 가르며 배를 전진시켰다. 스물한 살의 캐머런 타운센드는 곁에 있는 로비를 바라보며 환한 미소를 지었다. 로비는 집에서 가져온 여행 가방을 딛고 서서 난간에 기대었다. 그동안 중노동을 해서 뱃삯을 지불한 1등 선실이 어떻게 생겼는지 둘러볼 겨를조차 없었다. 마음이 몹시 기쁘고 흥분되어, 선실에 내려가 짐을 풀어 놓는 일도 잊은 것이었다. 갑판에 선 그는 신기한 장면을 하나라도 놓치지 않으려고 열심히 주위를 둘러보았다.

기예르모

부두에서는 매일 반복되는 동일한 일상이 시작되고 있었다. 인부들은 마차에 가득 쌓인 대형 통과 짐 상자들을 내리기에 바빴으며, 멀리 방파제가 있는 곳에는 한 무리의 군인이 집결해 있었다. 저마다 어깨에 배낭을 짊어진 군인들은 배를 타고 프랑스에 가서 전쟁에 참여할 것이 분명했다. 프랑스는 참전 군인들의 집결소 같은 곳이었다. 한 달 전 배를 타고 프랑스로 떠난 캐럴 바이람이 생각났다. 지금쯤 캐럴은 주 방위군 부대에 소속되어 싸우고 있을 것이다. 물론 캐머런도 면제되지 않았다면 캐럴과 같은 처지가 되었을 것이다.

바다 갈매기가 머리 위를 오갔다. 캐머런은 자신이 항해하고 있다는 사실이 꿈만 같았다. 여름방학 동안 프레지던트호에서 사환으로 일하게 된 시점부터, 그는 늘 다시 대양을 항해하는 꿈을 꾸었다.

그날 저녁 식사 자리에서 선장은 "목적지까지 스무날 정도 걸릴 것이다"라고 말했다. 그는 캘리포니아 반도를 따라 항해하다가, 멕시코 서안을 따라 남동쪽으로 내려가면 과테말라의 산호세 항구에 이를 거라고 말했다. 그러나 페루호는 예정보다 이틀을 앞당겨, 열여드레 만에 산호세 부두에 정박했다.

"자, 캐머런부터 뛰어내리게!" 선장은 어림잡아 60kg 정도 되어 보이는 캐머런의 마른 몸을 보며 말했다. 그가 가리키는 곳에는 기중기가 부두 쪽에 내려놓은 커다란 금속 바구니가 있었다. 캐머런이 선장의 지시대로 뛰어내리자

곧이어 로비도 따라 내렸다. 선장은 그들의 짐을 건네주며 당부했다. "이 짐들을 발밑에 놓고 그 위에 올라앉게. 중심을 잘 잡아야 해. 안 그러면 뒤집힐 수 있다네. 조심하게!"

캐머런이 조마조마한 마음으로 금속 바구니의 틈새를 내다보는 사이, 기중기는 두 사람이 탄 금속 바구니를 공중으로 들어올렸다가 바닥에 내려놓았다. 두 사람은 금속 바구니가 작은 보트의 갑판에 닿자마자 재빨리 옮겨 탔다.

"부에노스 디아스(안녕하세요), 세뇨르!(señors, 성인 남성을 지칭하는 스페인어)" 한 선원이 보트에 오르는 두 사람의 짐을 꺼내며 인사를 건넸다. "부에노스 디아스!" 캐머런 역시 스페인어로 인사를 했다. 그가 작은 보트에 올라타는 순간, 비로소 영어 세계에서 스페인어 세계로 옮겨 왔다는 사실이 실감났다.

두 사람이 탄 작은 보트는 물살을 가르며 산호세 항구를 향해 전진했다. 이윽고 부두에 오르자, 한 선원이 그들을 데리고 세관을 통과했다. 그들은 이민국 사무실로 가서 여권 심사를 받아야 했다. 세관원은 두 사람의 짐을 거의 조사도 하지 않고 통과시켰다.

"아무래도 우리가 밀수꾼처럼 보이지는 않나 봐요." 캐머런이 세관을 나오며 미소 지었다.

"그럴 리가 없지." 로비도 맞장구치더니, 자신의 가방을 들여다보며 한마디 덧붙였다. "우리가 밀수를 했다고 해도 이 가방에 얼마나 들어가겠어?"

"어쨌든 지금까지는 모든 게 잘 되었어요. 이제 은행을 찾아서 환전한 뒤에, 과테말라로 가는 차표만 구입하면 돼요." 캐머런은 은행이 어디 있는지 찾으려고 두리번거렸다.

그들은 곧 은행을 찾아가 달러를 교환한 뒤, 기차역으로 향했다. 두 사람 모두 스페인어를 조금이나마 알고 있었기에 큰 도움이 되었다. 하지만 사람들의 말이 워낙 빨라서, 캐머런은 "다시 한 번 말씀해 주십시오"와 "천천히 말씀해 주세요"라는 말을 가장 많이 하게 되었다.

캐머런은 기차 안에서 옆에 앉은 여인에게 자신을 소개했다. 그러자 그 여인은 키득거리며 웃기 시작했다. 아무래도 캐머런의 이름에 문제가 있는 것 같았다. 캐머런은 곧장 스페인어 사전을 뒤적여 보았다. 아니나 다를까! '캐머런'이라는 말은 스페인어로 '새우'라는 단어와 발음이 비슷했다. 여인이 웃었던 이유가 납득이 되었다.

캐머런은 즉시 이름을 바꾸어야겠다는 생각이 들었다. 비록 '새우 씨'라고 불린 적은 없었지만, 자신이 마른 새우처럼 비쩍 말랐다는 사실을 스스로 민감하게 의식하는 터였다. 이제부터 스페인어를 사용하는 곳에 가면, 자신의 첫 번째 이름인 '윌리엄'을 사용하기로 마음먹었다. 윌리엄의 스페인 발음은 '기예르모'였다.

그날 저녁 늦은 시각, 기차가 과테말라시티에 도착했다. 캐머런은 마중 나온 스텔라 짐머만 선교사의 모습을 보고 안도의 한숨을 내쉬었다. 수많은 검은 머리카락의 인파 속에서 스텔라의 금발은 금세 눈에 띄었다. 스텔라는 캐머런과 로비에게로 반갑게 다가와 환영의 인사를 했다. 그러고 나서 스텔라는 자신과 함께 온 목사를 소개했다. 두 사람의 숙소는 '중앙아메리카 선교회'(Central American Mission, CAM)에 속한 아파트라고 했다.

마차를 타고 숙소에 도착하니, 거의 밤 11시가 다 되어 있었다. 과테말라의 중앙아메리카 선교회 책임자인 에드워드 비숍(Edward Bishop) 선교사가 아래층에서 그들을 맞이했다. 로스앤젤레스 '성서의 집'에서는 비숍 선교사에게 신참 자원자들을 잘 감독하고 돌봐 달라는 부탁을 했다.

두 사람은 각자를 소개하고 인사한 뒤, 이층으로 올라가 자그마한 아파트에 들어섰다. 노정에 지친 캐머런은 옆에 가방을 내려놓자마자 침대에 털썩 누워 버렸고, 로비는 세면도구와 면도기를 가방에서 꺼내 한쪽에 정돈해 놓았다.

침대에 누워 잠을 청하는 동안 아래층에서 사람들의 말소리가 들려왔다. 에드워드 비숍 선교사가 누군가와 함께 사역에 관한 이야기를 나누고 있는 모양이었다.

"로비라는 청년은 뭐든 잘할 것 같더군요. 튼튼하게 생겼잖아요, 안 그렇습니까?"

"맞습니다." 에드워드 비숍 선교사가 맞장구쳤다.

"그런데 그 타운센드라는 깡마른 아이는 두 달이나 버틸 수 있을지 의문이네요."

캐머런은 더는 듣고 싶지 않아 돌아누웠다. 이곳까지 오느라 투자한 시간과 돈, 그리고 노력이 얼마나 큰가? 이에 캐머런의 마음에는 '적어도 두 달 이상 과테말라에서 버티고 말겠다'는 오기가 생겼다.

안티과로 가는 여정

다음 날 아침, 캐머런과 로비는 에드워드 선교사를 만났다. 미리 계획된 한 달 동안의 일정에 대해 상세한 설명을 듣기 위해서였다. 처음 두 주간은 그곳의 환경에 적응하기 위해 음식, 언어, 풍습을 배울 터였다. 그 후에는 옛 수도인 '안티과'라는 산악 지대로 가서 성경 집회에 참석할 예정이었다.

그곳에 가면 현지인 그리스도인들을 만날 기회가 생길 것이다. 이 집회가 끝나면 스페인어 성경을 들고, 산악 지대의 현지인 마을로 들어가게 된다.

캐머런과 로비는 주어진 시간 동안 과테말라시티 일대를 돌아다니며 현지 음식도 먹고, 서투른 스페인어를 연습하며 즐거운 시간을 보냈다. 그러나 안티과로 향하는 여정은 그리 유쾌하지 않았다. 에드워드 선교사는 노새가 끄는 수레에 두 사람을 태웠는데, 수레가 산 위를 오를 때 비가 내리기 시작했다. 수레를 끌던 네 마리의 노새는 거의 기다시피 앞으로 나아갔다. 노새 몰이꾼이 노새들을 채찍으로 다그치며 사정없이 소리를 질렀지만, 진흙탕이 되어 버린 오르막길에서 노새가 더 빨리 걸어갈 재간은 없었다.

오르막길이 너무 미끄러워 수레바퀴가 한쪽으로 기울기도 했다. 그 바람에 수레에 타고 있던 사람들이 사방으로 튀어 오른 진흙을 덮어썼다. 산 정상에 오른 다음에는 비탈을 돌아내려가기 시작했는데, 아래를 내려다본 캐머런은 길 한쪽에 깎아지른 절벽을 보자 정신이 아찔해졌다. 그저 살아서 안티과에 도착하기만을 기도할 뿐이었다.

결국 안티과에 무사히 도착한 그들은 에드워드 비숍 선교사가 안내해 준 숙소에 들어섰다. 방 안에는 두 개의 간이 침대와 세숫대야 한 개가 덜렁 놓여 있을 뿐이었지만, 캐머런과 로비는 별로 상관하지 않았다. 앞으로 산악 지역을 돌아다니다 보면 그보다 더 열악한 환경에 처하게 되리라는 사실을 두 사람은 잘 알고 있었다.

성경 집회는 많은 것을 배우는 계기가 되었다. 그 전까지 캐머런은 과테말라의 종교적인 배경이나 역사에 대해서 공부할 기회가 거의 없었다. 1523년에 스페인 군대가 과테말라를 점령하면서, 천주교를 유일 종교로 신봉하도록 선포했다고 한다. 200만 명에 해당하는 현지 인디언은 스페인 점령자들의 종교를 신봉하면서도, 조상 대대로 섬겼던 마야 신들도 숭배했다. 그러다가 1871년에 민중 봉기가 일어났다. 이때 후스토 루피노 바리오스(Justo Rufino Barrios) 장군이 나라의 권력을 쥐게 되었다.

바리오스 장군은 과테말라에 개신교 교회들이 발을 붙일 수 있도록 선봉에서 이끌었던 개혁가였다. 또한 종교의 자유를 선포하여 모든 사람이 원하는 대로 종교를 선택하도록 허용했다. 이에 최초의 비천주교 공립학교가 문을 열게 되었다. 그는 미국 뉴욕까지 여행하면서 장로교회들에 과테말라 선교사 지원을 요청했다. 교회는 그의 요청에 부응하여 중앙아메리카 선교회와 연합해서 선교사들을 파송하였고, 이에 그들은 과테말라에서 사역하게 되었다. 이 모든 일은 지난 40여 년에 걸쳐 일어났으나, 정부 관리들과 과테말라 시민들은 여전히 철저한 천주교 신자였다. 이에 그들은 개신교가 자신의 나라에 들어와 일하는 것을 탐탁지 않게 여겼다.

집회 중에는 과테말라의 개신교 신자들 몇 명이 간증하는 시간이 있었다. 캐머런은 그들의 간증을 들으며 내심 놀랐다. 마치 사도행전을 보는 듯한 착각이 들 정도였다. 어느 제화공은 주님을 믿기 전에 너무도 술을 마셔서, 감옥살이를 무려 예순세 번이나 했다고 말했다. 그러나 개종 이후로는 술을 입에도 대지 않았단다. 물론 세 번 더 감옥신세를 지기는 했지만, 그것은 전도를 했다는 죄목 때문이었다. 다른 사람들 역시 돌에 맞고 매를 맞았다는 간증을 했다. 간증을 듣는 동안 캐머런은 '과연 나는 이곳에 제대로 온 것일까?' 하는 생각에 진땀이 솟아났다.

시작점 앞에 서다

이윽고 집회 마지막 날이 다가왔다. 그날 아침, 에드위드 선교사는 그리스도인들의 '전도 의무'에 대해 강조했다. 심지어 낯선 사람에게라도 의도적으로 다가가서 주님을 증거해야 한다고 말했다. "집회에 참석한 모든 분은 그날 하루 동안 전도할 대상을 찾아 전도하십시오." 이 말에 캐머런은 정신이 번쩍 들었다.

열두 살에 주님을 영접한 캐머런이 지금까지 친근하게 지낸 사람은 대부분 그리스도인이었다. 물론 캐머런이 개인적으로 전도했던 것은 아니었다. 그저 그들은 기독교 가정에서 태어나, 부모를 본보기로 배운 사람들이었다.

접이의자에 앉아 에드워드 선교사의 이야기를 듣는 동안 캐머런은 한 가지 사실을 깨달았다. '그러고 보니 나는 지금껏 누군가를 전도한 적이 한 번도 없구나.' 지금 에드워드 선교사는 영어로도 전도해 본 적이 없는 자신에게 스페인어로 전도하라고 하지 않는가! 캐머런은 그동안 그토록 중요한 사실을 간과했다는 생각이 들었다.

그는 점심시간이 되자마자 홀로 조용히 빠져나왔다. 자신의 신앙을 증거할 대상을 찾아 나서기 위해서였다. 그것은 쉬운 일이 아니었다. 손에는 진땀이 나고 가슴은 계속해서 두방망이질했다. 어떻게 말을 붙여야 할지, 정말 아무 생각도 떠오르지 않았다.

그는 고구마 바구니를 들고 가는 어느 할머니에게 다가

갔다. 할머니 옆에는 한 소년이 따라가고 있었는데, 캐머런은 그들에게 다가가 전도하기로 마음먹었다. 그러나 말을 건네려고 입을 떼는 순간, 너무 긴장한 탓인지 목이 메어 끽끽거리는 소리밖에 나오지 않았다. 그는 몹시 당황하여 얼른 그 자리를 피했다. 그나마 그 할머니와 소년을 평생에 두 번 다시 만날 일이 없을 테니 다행이었다.

마침내 평정을 되찾은 그는 다시 한 번 시도해 보기로 했다. 이번에는 가게 앞에 기대어 서 있는 한 청년이 눈에 들어왔다. 캐머런은 머뭇거리며 청년 앞으로 다가갔다. 그러고 나서 그는 아까부터 속으로 열심히 연습해 둔 말을 꺼냈다. "코노세 우스테드 알 세뇨르 헤수스?"(Conoce usted al Señors Jesús?) 이는 "당신은 예수를 아십니까?"라는 의미였다. 그 말을 입 밖에 뱉고 나니, 이제는 되었다는 안도감이 밀려들었다.

청년은 약간 얼굴을 찌푸리더니 고개를 갸웃했다. 그는 스페인어로 "죄송하지만 저는 그런 사람을 모르는데요" 하고 대답하며 어깨를 으쓱했다. 그러고 나서 그 청년은 "저도 여기 처음 왔거든요"라고 덧붙여 말했다.

그 순간 캐머런의 얼굴이 빨개졌다. 왜 미처 그 생각을 못했을까? 스페인어로 '예수'는 흔한 남자 이름 중 하나였다. 그렇기에 그 청년은 캐머런이 그 도시에 살고 있는 '미스터 예수'라는 사람을 찾고 있다고 생각한 것이다. 캐머런은 더 자세한 설명을 할 만한 스페인어 실력도 안 되었기에 "어쨌든 고맙습니다" 하고 어물어물 대꾸하고는 재빨리 그 자리를 떠났다.

캐머런은 집회 장소로 돌아가기가 몹시 창피하고 쑥스러웠다. 결국 그는 자신이 묵고 있는 방으로 들어갔다. 문을 굳게 닫은 뒤, 간이침대 옆에 털썩 주저앉은 캐머런은 무릎을 꿇었다. '하나님, 저는 실패자입니다!' 그는 마음속으로 부르짖으며 두 손으로 머리를 감쌌다. 선교사의 가장 중대한 임무를 간과한 채, 이 먼 곳까지 온 자신이 한없이 한심하게 느껴졌다. '바보같이 전도에 실패한 내가 어떻게 밖에 나가 다른 사람들의 얼굴을 마주 본다는 말인가?'

다음 날 아침이 밝았지만, 캐머런은 여전히 전날의 실패가 마음 쓰였다. 다행히 에드워드 비숍 선교사가 캐머런과 로비를 사무실에 불러, 앞으로 그들이 해야 할 일을 맡겼다. 캐머런은 그저 하루빨리 이 도시를 벗어나 시골 지방으로 가고 싶은 마음 뿐이었다.

이제 로비는 안티과로부터 북쪽에 있는 지방에 가서 성경을 팔 것이고, 캐머런은 남서쪽으로 8km 떨어진 샌안토니오 지역과 산타카타리나 바라오나 지역에 가서 성경을 팔 예정이었다. 그 지역은 '카크치켈'(Cakchiquel)이라 일컫는 인디언 종족이 살고 있는 곳이었다. 그곳에는 그리스도인들이 거의 없었으며, 대부분 사람이 성경을 구경조차 해 보지 못했다.

떠나는 준비는 그리 오래 걸리지 않았다. 로비가 가게 될 텍판이라는 지역은 북쪽으로 50km나 떨어져 있었다. 로비와 캐머런은 서로의 호주머니를 털어 25달러를 주고 말을 샀다. 캐머런은 말을 타고 떠나는 로비에게 농담을 걸었다. 비록 말의 모습은 뼈만 앙상할 뿐이었지만, 노새 수레를 타고 갈 때에 비하면 머리카락이 곤두서는 일은 거의 없을 것이라며 웃었다.

주어진 길을 따라서

1917년 10월 23일, 캐머런과 로비는 서로 작별을 고하고 각자의 행선지로 떠났다. 그들은 한 달 후에 인근의 산티아고에서 다시 만나기로 했다. 그 이후 두 사람은 과테말라시티로 가서 함께 추수감사절을 보내고, 에드워드 선교사가 주관하는 또 다른 성경 집회에 참석할 것이다. 캐머런은 로비가 말을 타고 멀어져 가는 모습을 물끄러미 바라보았다.

현지인 이시드로 알라르콘(Isidro Alarcón) 목사가 캐머런을 안내해 주었다. 두 사람은 광활한 커피 농장을 지나 산타카타리나 바라오나 마을로 갔다. 캐머런은 로비가 떠난 후, 배낭 속에 스페인어 성경을 가득 넣어 등에 걸머지고 오른손에는 여행 가방을 들었다.

이시드로 알라르콘 목사 역시 성경을 잔뜩 든 채, 안티과의 꼬불꼬불한 자갈길을 지나 과테말라 시골에 접어들었다. 캐머런은 이시드로 목사의 뒤를 묵묵히 따라가는 동안 '한 달 후에 로비를 만나면 무슨 이야기를 나눌까?' 하는 상상을 했다. 그러나 한편으로는 바로 전날 전도에 실패한 경험이 떠올랐다. 그 때문에 캐머런은 카크치켈 인디언에게 어떤 이야기를 건네야 할지 막막할 뿐이었다.

좁은 오솔길을 지나 널찍한 길에 들어서면서 두 사람은 나란히 걷게 되었다. 캐머런이 먼저 그에게 말을 걸었다.
"카크치켈 인디언 중에 그리스도인이 있나요?"
"물론이지요. 아주 재미있고도 놀라운 이야기가 있답니다, 돈 기예르모."

이시드로 알라르콘 목사는 눈을 빛내며, 다음과 같은 이야기를 들려주었다. "8개월 전의 일입니다. 카크치켈 인디언 중에 실베리오 로페스(Silverio Lopez)라고 하는 남자가 과테말라시티에서 일을 하고 있었지요. 그는 여느 카크치켈 인디언과는 달리, 스페인어를 어느 정도 읽고 쓸 줄 알았답니다. 그래서 그는 성경 한 권을 구입해 읽기 연습을 했어요. 하지만 얼마 못 가서 자꾸만 어려운 구절이 나오는 바람에 아예 성경 읽기를 포기하고 말았지요. 그런데 그때쯤 그 사람의 아내에게서 전갈이 왔어요. 아들은 죽고 딸은 병이 들었다는 소식이었지요. 그래서 실베리오 로페스는 곧장 일을 그만두고 집으로 돌아갔답니다. 아마 그 사람도 바로 이 길을 따라 걸어갔겠죠."

캐머런은 고개를 끄덕였다. 두 사람은 이미 여러 명의 인디언 남자와 마주쳤었다. 대부분 인디언은 웃옷을 허리띠로 조이고, 무릎까지 오는 흰 바지를 입고 있었다. 딸의 안부를 염려하며 서둘러 그 길을 걸어갔을 실베리오 로페스의 근심스런 얼굴이 쉬이 그려졌다.

목사가 다시 말을 이었다. "실베리오가 집에 도착했을 때, 다행스럽게도 딸은 아직 살아 있었죠. 그래서 그는 마을 무당에게 달려갔습니다. 그리고 나서 그는 딸을 죽이려고 하는 죽은 조상의 악령을 쫓으려면 어떻게 해야 하는지 물었답니다. 무당은 양초를 사서 천주교의 어느 형상 앞에 가져가 피우라고 했지요. 실베리오는 무당의 말을 곧이곧대로 믿었습니다. 그는 딸을 살리겠다는 일념으로 무당의 말을 그대로 실행했지요. 그러나 딸의 상태가 좋아지기는 커녕 점점 위독해졌답니다. 또 다른 문제는 빚이 늘었다는 겁니다. 무당이 엄청난 복채를 요구했을 뿐만 아니라, 양초 값도 만만치 않았거든요. 게다가 실베리오는 죽은 아들의 장례식 비용도 지불해야 했습니다. 직업은 없고 양초는 더 사야 하고, 곤란한 지경에 처하게 되었지요."

캐머런은 반대편에서 다가오는 노새 행렬을 피하기 위해 이시드로 목사의 뒤로 물러났다. 노새들은 각각 커다란 광주리를 양쪽에 매고 있었으며, 엉덩이 쪽에는 두 개의 자루를 매단 채 걸어갔다.

캐머런의 호기심 어린 표정을 본 이시드로 목사는 "저건 커피 열매입니다" 하고 가르쳐 주었다. 노새 행렬이 지나가고 나자, 캐머런은 이야기를 계속해 달라고 재촉했다. "그래서 어떻게 되었나요?"

"어느 날 실베리오가 시장에서 돌아오는 길에, 찢어진 종이 한 장을 발견했답니다. 종이 위에 뭔가가 적혀 있어 살펴보니, 바로 성경 말씀이었죠. '내 집은 기도하는 집이라 일컬음을 받으리라 하였거늘 너희는 강도의 굴혈을 만드는 도다'라는 말씀이었어요. 실베리오는 집으로 돌아오는 내내 속으로 그 말씀을 생각했답니다. 그는 집에 돌아와 스페인어 성경을 펼치고, 자신이 읽었던 구절을 찾아보았지요. 그리고 나서 성경을 다시 읽기 시작했답니다. 쉽지 않은 일이었지만, 그래도 이번에는 포기하지 않았어요. 다음 날 아침, 그는 무당의 말을 듣지 않기로 결심했지요. 결국 그는 안티과에 가서 딸의 병을 치료할 약을 사 왔답니다. 그런 후에 나를 찾아왔지요."

"왜 목사님을 찾아왔나요?" 캐머런은 이마에 흐르는 땀을 손수건으로 닦으며 물었다.

"어떤 사람이 나에게 가면 성경을 가르쳐 줄 것이라고 말해 주었답니다. 그 말에 실베리오는 우리 집 문 앞에 와서 '어떻게 하면 성경에 나오는 하나님을 믿을 수 있느냐?'고 물었습니다. 저는 그에게 방법을 일러 주었어요. 그는 우리 집 응접실에서 곧바로 주님을 영접했답니다. 그 후에는 카크치켈 마을로 돌아가, 사람들에게 큰 소리로 성경을 읽어 주었지요. 그게 6개월 전의 일입니다. 지금은 그 마을에 그리스도인이 40명이나 된답니다." 말을 끝낸 이시드로 알라콘 목사가 환한 미소를 지었다.

"정말 놀라운 이야기이군요!" 캐머런은 전도에 실패했던 자신의 기억을 더듬으며 탄성을 질렀다.

전도의 첫 열매

이윽고 그들은 산 정상에 도달해 있었다. 산 아래에는 낮은 언덕과 계곡들이 한 폭의 그림처럼 어우러져 아름다운 풍경을 자아냈다. 주변에는 아구아, 아카테난고, 푸에고라는 세 개의 화산이 둘러싸고 있었다. 게다가 계곡 사이의 푸른 호수를 끼고 두 개의 마을이 자리 잡고 있었다.

"저기가 산타카타리나 바라오나 마을입니다!" 이시드로 목사가 손으로 오른쪽 마을을 가리켰다. "왼쪽에 있는 마을은 샌안토니오 마을이지요."

캐머런은 잠시 자리에 멈춰 서서 눈앞에 펼쳐진 수려한 경치를 바라보았다. 부모님이 곁에서 이 모습을 함께 본다면 얼마나 좋을까? 편지에 정확한 묘사를 담아 내는 것은 불가능할 것 같았다.

언덕을 내려가기는 쉬웠다. 한 시간쯤 후, 캐머런은 키가 작은 맨발의 인디언 남자를 만나 악수를 나누었다. "저는 프란시스코 디아즈(Francisco Díaz)라고 합니다. 주님의 이름으로 환영합니다." 그가 서툰 스페인어로 인사를 했다.

"교회 안에 당신이 사용할 침구를 들여놓았습니다. 하지만 제 생각에는 먼저 식사를 하셔야 할 것 같네요."

캐머런은 기다렸다는 듯이 "네, 사실은 배가 고픕니다"라고 대꾸했다.

옆에 서 있던 이시드로 목사는 캐머런에게 작별 인사를 했다. "나는 이제 가야겠군요. 실베리오 로페스를 만나 보고 집으로 돌아가겠습니다."

이시드로 목사가 떠나고 난 뒤, 프란시스코 디아즈는 캐머런을 데리고 가서 교회를 보여 주었다. 옥수숫대를 묶어 벽을 만들고 이엉을 엮어 지붕을 얹은 단순한 건물이었다. 단단한 흙바닥에는 돗자리가 깔려 있었고, 왼쪽에는 거칠게 깎은 나무 걸상이 나란히 늘어서 있었다. 그리고 한쪽 끝에는 탁자 한 개가 놓여 있었다. 그 위에 헝겊이 깔려 있는 것을 보니, 아마도 강대상인 것 같았다.

프란시스코 디아즈는 한쪽에 놓인 화덕에서 옥수수빵을 구웠다. 그리고 고추가 들어간 스프를 데워서 식사 준비를 했다. 프란시스코를 지켜보는 동안, 캐머런은 옥수숫대 틈새로 사람들이 기웃거리는 것을 눈치 챘다. 그는 고개를 돌려 미소 지으며 말했다. "안으로 들어오시죠."

이윽고 컴컴한 옥수숫대 건물 안에는 카크치켈 인디언이

하나둘 모여들었다. 아기를 안고 있는 여인들, 이가 없는 노인들, 맨발의 남자들과 어린 아이들이 들어와 있었다. 남자들은 나무 의자에 앉아 있었으며, 여인들과 아이들은 바닥에 주저앉았다.

그러고 나서 몇 분 후, 이시드로 목사가 이야기했던 실베리오 로페스라는 사람이 예배당 안으로 들어왔다. 그는 캐머런에게 정중히 인사를 하고 나서 등잔에 불을 붙였다. 실베리오 로페스는 캐머런을 환영하러 모인 많은 사람을 보며 예배 드리자는 제안을 했다. 그는 사람들에게 찬송가를 부르자고 권한 뒤, 스페인어 찬송 두 곡을 인도했다. 그런 후에는 캐머런에게 설교를 해 달라고 부탁했다. 모든 것이 전혀 예상치 못한 일이기는 했지만, 그는 주저하지 않고 강대상 앞에 섰다. 캐머런은 자신이 오게 된 이유를 이야기하고, 성경 말씀도 몇 구절 인용했다.

사람들은 밤늦게 집으로 돌아가고, 마침내 캐머런 혼자 빈 공간에 남았다. 그는 흙바닥에 깔린 돗자리 위에 누워 얇은 담요 한 장을 덮었다. 바닥은 딱딱했지만 피곤에 지친 캐머런은 눕자마자 깊은 잠 속으로 빠져들었다.

어느덧 아침이 밝아 왔다. 닭들은 캐머런의 발치에 서성이며 잠을 깨웠다. 그는 눈을 뜬 채, 자신이 어디에 있는지 잠시 생각을 집중했다. 그러는 사이 프란시스코 디아즈가 문 사이로 머리를 들이밀었다. "돈 기예르모, 잘 잤어요? 커피 한 잔 드릴까요?"

몸을 일으킨 캐머런은 눈을 비비며 대꾸했다. "네, 고맙습니다. 곧장 밖으로 나갈게요."

프란시스코와 캐머런은 옥수숫대로 엮은 벽에 등을 기댄 채 나란히 앉았다. 두 사람은 뜨거운 커피를 마시며, 그날 해야 할 일들을 의논했다. 먼저 샌안토니오 마을의 각 가정을 방문해서 사람들에게 전도지를 나누어 주고, 스페인어 성경을 사도록 권할 예정이었다.

캐머런은 방문한 집의 마당에 들어서기 전에 대문 앞에서 소리를 질러야 한다는 사실을 몰랐다. 프란시스코가 미리 말해 주지 않은 탓이었다. 이에 캐머런은 사나운 개에게 다리를 물린 뒤에야 그곳의 풍습을 배울 수 있었다.

캐머런이 찾아간 사람들 중에서 성경을 구입한 사람은 단 몇 명에 불과했다. 대부분은 농부였고, 스페인어를 읽지 못하는 문맹이었다. 그러나 캐머런에게는 그들에게 줄 카크치켈어 성경이 없었다. 카크치켈 언어는 문자가 따로 없기 때문에 성경이 있을 리가 없었다. 캐머런은 적잖이 낙심했다. 스페인어를 읽고 쓸 줄도 모르는 사람들에게 스페인어 성경을 팔러 다닌다는 사실 자체가 말이 되지 않았다. 사흘 동안 발이 부르트도록 돌아다녔지만, 판매 실적은 부진하기만 했다.

사흘째 되는 날, 캐머런은 어느 맥주집 앞을 지나치게 되었다. 캐머런은 밖에서 맥주를 마시는 남자들에게 "성경을 사거나, 전도지를 가져가 읽어 보시겠어요?" 하고 물었다. 어떤 남자들은 그저 고개를 돌렸고, 농담을 하며 조롱하는 사람도 있었다. 다만 한 남자만은 캐머런을 진지하게 쳐다보더니 뚜벅뚜벅 다가왔다.

캐머런이 "전도지 드릴까요?" 하고 묻자, 그는 고개를 가로저었다. "아니요"라고 대답하는 그의 입에서 술 냄새가 훅 풍겨 나왔다. "받을 수도 있겠지만, 그게 나한테 무슨 소용이 있겠수? 어차피 나는 글을 모르는데…."

캐머런의 얼굴에 다시 한 번 실망의 빛이 스쳤다. 이처럼 아무도 성경을 읽을 수 없는데, 대체 어떻게 복음이 전해진단 말인가? 캐머런은 술집을 지나 다른 집으로 가기 위해 계속 길을 걸어갔다. 10분 정도 지났을까? 누군가 뒤에서 따라오는 듯한 느낌이 들어 고개를 돌려 보니, 방금 전에 술집에서 이야기했던 남자가 뒤따라오고 있었다.

"기다리슈!" 그는 팔을 흔들며 소리쳤다. 이윽고 가까이

다가온 남자가 숨가쁜 목소리로 캐머런에게 말했다. "내가 아는 사람 중에 글을 읽을 수 있는 사람이 있소. 당신이 가진 성경 한 권을 나한테 파시오."

캐머런은 기쁨을 억누르며 얼른 대꾸했다. "네, 그러죠. 일요일 아침에 예배당에 한번 와 보세요. 그날 제가 설교를 하는데, 꼭 오시면 좋겠습니다. 이름이 어떻게 되시죠?"

"티부르시오(Tiburcio)." 가까이 다가선 그의 입에서 다시 술 냄새가 풍겨 났다.

"좋아요, 티부르시오 씨. 그럼 일요일에 뵙겠습니다." 캐머런은 그에게 성경 한 권을 건네주며 다짐하듯 말했다.

이윽고 일요일 아침이 밝았다. 캐머런은 예배당에 앉은 카크치켈 인디언 사이에서 티부르시오를 찾아냈다. 그는 약간 거북한 표정으로 뒤편 좌석에 앉아 있었다. 캐머런은 그가 약속대로 예배당에 온 사실이 감사하고 기뻤다.

예배는 한 시간 이상 진행되었다. 캐머런은 강대상 앞에서 설교하는 동안, 혹시 티부르시오가 슬쩍 나가 버리지는 않는지 주시했다. 설교를 마친 캐머런은 모인 사람들 중에 주님을 영접하고 싶은 사람이 있는지 물었다. 그때 티부르시오가 자리에서 벌떡 일어서더니, 강대상 앞으로 걸어 나왔다. 캐머런 앞에 선 티부르시오는 크고 똑똑한 목소리로

"제가 주님을 영접하겠습니다!"라고 말했다.

그와 함께 기도하는 동안 캐머런의 눈에서는 줄곧 눈물이 흘러나왔다. 지금 그의 앞에는 자신의 권유로 새롭게 주님을 믿게 된 초신자가 서 있지 않은가! 결국 캐머런은 실패를 극복한 것이다.

다시 길을 떠나다

캐머런은 산타카타리나 바라오나 마을에서 2주 동안 머문 뒤, 다시 서쪽의 산악 지대로 향했다. 그동안 프란시스코 디아즈와 두둑한 친분을 쌓은 캐머런은 그에게 길을 인도해 달라고 부탁했다. 프란시스코는 캐머런의 부탁을 매우 기뻐했지만, 커피와 옥수수를 수확할 시기가 다가왔기 때문에 캐머런을 배웅할 수 없었다. 결국 카크치켈 그리스도인 몇 명이 캐머런을 따라나서 길을 안내해 주었다.

산악 지대에서 보낸 시간도 매우 흥미롭고 유익한 경험이 되었다. 전에 개에게 물렸던 사건처럼, 실수를 통해 많은 것을 배우기도 했다.

'성인의 날'인 11월 1일, 캐머런은 안내인 루카스(Lucas)와 함께 어느 마을에 들르게 되었다. 그곳에서는 교회 공동

묘지에 몰려 있는 수많은 사람의 모습이 보였다. "저 안에 들어가 봅시다." 캐머런은 처음 접하는 신기한 광경을 보며, 안으로 들어가자는 제의를 했다. 사람들에게 전도지를 나눠 줄 수 있겠다는 생각 때문이었다.

묘지 가까이에 다가선 캐머런은 깜짝 놀랐다. 각 묘지에는 음식이 담긴 접시, 담뱃갑, 술병 등이 놓여 있었다. "아니, 왜 저런 것들을 올려놓은 거죠?"

루카스가 그 이유를 솔직하게 설명했다. "저게 다 죽은 혼령에게 바치는 거랍니다. 오늘은 죽은 가족과 친척들의 혼령이 되돌아온다고 믿는 날이죠. 만약 혼령이 나타나서 자신의 무덤에 선물이 없는 것을 발견하면, 살아 있는 가족들에게 재앙을 내린다고 생각한답니다."

캐머런은 한숨을 내쉬었다. 이처럼 과테말라 사람들은 미신에 깊이 사로잡혀 있었다. 사람들이 성경을 읽고 스스로 진리를 발견하여, 번거롭고 쓸데없는 풍습에서 벗어난다면 얼마나 좋을까?

캐머런과 루카스는 '치말테낭고'라는 산골 마을에서 엄청난 곤란을 당했다. 마을 남자들 한 무리가 두 사람을 둘러싼 채 "이 망할 놈의 개신교도들! 어서 썩 물러가라!"며 고함을 치는가 하면, 손에 든 막대기를 휘두르기까지 했다.

분위기는 갈수록 험악해졌다. 이에 캐머런은 조마조마한 마음으로 간절히 기도할 뿐이었다.

얼마 뒤 군인들 몇 명이 달려와 그들을 해산시켰다. 군인들은 캐머런과 루카스를 호위하여 읍사무소 건물로 데려갔다. 두 사람은 잠시 안전한 건물 안에 들어가서 몸을 피할 수 있었다. 캐머런은 읍사무소 문을 굳게 걸어 잠근 채, '이제 무엇을 어떻게 해야 할까' 하고 생각했다. 밖에는 성난 폭도들이 있었으며, 곁에는 사무원 몇 명이 있었다.

문득 좋은 방법이 떠올랐다. 그는 알고 있는 스페인어를 총동원하여 "읍장님을 만나고 싶습니다"라고 말했다. 몇 분 뒤, 캐머런과 루카스는 읍장 사무실로 인도되었다. 읍장의 얼굴에는 난처한 기색이 역력했다. 캐머런은 마을 사람들의 난폭한 행동에 대해 항의하는 대신, 자신은 그곳에서 성경을 팔려고 한다는 이야기를 전했다. 또한 성경이 그 마을 사람들에게 어떤 도움을 줄지에 관해 설명을 덧붙였다.

읍장은 그의 말에 안도감을 표시하며 감사의 표정을 지었다. 그리고 나서 읍장은 두 사람을 정식으로 환영하는 인사를 건넸다. 캐머런과 루카스를 해치려고 진을 치고 있던 남자들은 곧 해산이 되었다. 이로써 많은 사람이 전도지를 받고 성경을 구입하게 되었다.

캐머런은 치말테낭고 마을을 떠나면서, 그곳에서의 경험을 곰곰이 되새겼다. 또한 그는 스스로를 향한 약속 한 가지를 정했다. 어느 마을에 들어가든, 사람들의 인심을 잃기 전에 그 마을의 관리를 찾아가 협조를 구한다는 것이었다. 카크치켈 인디언 사이에서 일하려면 그 방법이 매우 효과적인 열쇠가 되리라는 확신이 들었다. 이는 카크치켈 인디언뿐만 아니라 앞으로 그의 사역에서 더 많은 기회를 가져다줄 것이며, 상상을 초월할 결과를 불러일으키는 계기가 되리라는 사실을 캐머런은 짐작조차 못하고 있었다.

연약한 그릇을 사용하시는 하나님

한 달이 지나 캐머런과 로비는 계획대로 산티아고에서 만나, 함께 과테말라시티로 돌아왔다. 그동안 로비의 경험담들을 들으니 매우 흥미로웠다. 게다가 오랜만에 영어로 대화할 수 있어 좋았다. 그러나 두 사람의 정다운 시간은 곧 슬픔으로 물들고 말았다. 두 사람이 중앙아메리카 선교회 건물에 도착하니, 캐머런의 어머니가 보내온 편지 한 장이 그를 기다리고 있었던 것이다.

캐머런은 반가운 마음에 얼른 봉투를 뜯어 편지를 읽어

보았다. 그것은 그의 절친한 친구 캐럴 바이람이 프랑스에서 전사했다는 소식이었다. 활기차고 앞길이 유망했던 친구가 한순간 싸늘한 시신이 되었다는 사실이 믿기지 않았다. 수많은 미국 청년이 세계대전의 희생물이 되고 있었다. 자신도 그중 한 사람이 될 뻔했다는 사실에 캐머런의 마음이 숙연해졌다.

캐머런과 로비가 과테말라시티에 도착한 지 사흘이 지나, 두 사람은 다시 각자의 사역으로 돌아갔다. 그들은 다음 성탄절에 다시 만나기로 약속했다. 캐머런은 앞으로 하게 될 일들이 무척 기대되었다. 커피와 옥수수 수확이 끝난 시기이므로 프란시스코 디아즈가 캐머런의 안내자로서 동행할 수 있을 것이었다.

과테말라시티 남쪽에 위치한 '에스쿠인틀라'라는 작은 마을에 도착하니, 약속대로 프란시스코 디아즈가 캐머런을 기다리고 있었다. 프란스시코는 그동안 마을에서 일어난 일들을 캐머런에게 전해 주었다.

캐머런이 술집에서 만나 교회로 인도했던 티부르시오는 그리스도인이 되었다는 이유로 술집 남자들로부터 온몸에 술 세례를 받는 등의 조롱을 당했다고 한다. 또한 마을 사람들을 전도하다가 큰 칼에 찔리기도 했지만, 여전히 전도를 열심히 하고 다닌다고 했다. 술 먹는 데 돈을 낭비하지 않았기에 빚진 돈도 일부분 갚게 되었으며, 열심히 일한 끝에 십장으로 승진하게 되었다는 소식이었다.

그 이야기를 들은 캐머런은 몹시 기뻤다. 그날 밤 그는 일기장에 "하나님은 나처럼 연약한 그릇도 순종만 하면 사용하실 수 있다는 사실을 보여 주었다…"라고 적었다.

다음 날 아침, 캐머런과 프란시스코는 남서쪽에 있는 엘살바도르 경계 지역으로 걸어갔다. 걷는 도중에 그들은 서른 개 이상의 마을에 들러서 사람들에게 말을 걸었다. 사실 사람들에게 이야기를 건넨 것은 프란시스코였다. 그 지역의 카크치켈 인디언은 스페인어를 알아듣는 사람들이 거의 없기에, 캐머런으로서는 대화가 불가능했던 것이다. 따라서 캐머런이 파는 스페인어 성경을 사서 읽을 일도 거의 없었다. 어떤 남자는 스페인어 성경을 내미는 캐머런에게 성난 음성으로 "카크치켈어로 된 성경은 없소?"라고 물었다.

캐머런이 "죄송하지만 없는데요" 하고 멋쩍게 대답하자 남자는 어깨를 으쓱했다.

"거참, 당신네 하나님은 그렇게 위대하다면서 우리말도 못한단 말이오?"

"……."

캐머런은 대꾸할 말이 없었다. 성경을 읽기 위해 스페인어를 배우는 그 지역의 그리스도인들이 존경스러울 뿐이었다. 하지만 그나마도 소수에 불과했다. 학교도 없고 가르치는 사람도 없는 상황에서, 자신들이 별로 사용하지도 않는 언어로 읽기를 배우는 것은 어려운 일이었다.

캐머런이 가져간 성경은 대부분 라디노인들에게 팔렸다. '라디노'란 토착 인디언과 스페인 사람 사이에서 태어난 혼혈 과테말라인을 의미했다. 그들은 나라의 세력가들일 뿐만 아니라, 높은 수준의 교육도 받고 거대한 농장을 소유하고 있었다. 게다가 그들은 경제 분야를 쥐고 흔들었다.

그러다 보니 라디노들은 점차 토착 인디언을 업신여기며 열등한 문맹자들로 취급했다. 하지만 프란시스코 디아즈를 가까이에서 지켜본 캐머런은 카크치켈 인디언도 어느 민족 못지않게 명석하고 현명한 사람들임을 확신했다. 단지 그들에게 필요한 것은 평등한 기회와 카크치켈 문자였다.

한 달 가량 프란시스코와 함께 과테말라 남부의 푸른 커피 농장 지대를 누비고 다니는 동안, 캐머런의 귓가에는 성난 인디언 남자가 했던 말 한마디가 쟁쟁 울렸다. '왜 하나님은 카크치켈어를 하지 못하는가?'

뜻밖의 위기

1917년 12월 23일, 프란시스코 디아즈는 성탄절을 맞아 집으로 돌아갔다. 캐머런도 과테말라시티로 가서 로비를 만났다. 어느 장로회 선교사가 두 사람을 자신의 집으로 초대하여 성탄절을 보내도록 배려해 준 덕분이었다.

두 사람이 과테말라에 온 지는 겨우 3개월밖에 안 되었지만, 마치 몇십 년을 보낸 것처럼 쌓인 이야기가 많았다. 두 사람은 그동안 돌아다니며 보고 알게 된 현지인들의 생활과 주요 문제점에 대해 몇 시간이고 토론을 했다. 그들은 '모쏘'(mozo)라는 제도가 가장 큰 문제라고 입을 모았다.

모쏘는 인디언이 어쩔 수 없이 돈을 빌리도록 만드는 미묘한 '덫'과 같은 제도였다. 인디언 남자들은 술을 마시기 위해 돈을 빌리는 일이 잦았다. 그런데 돈을 빌려 줄 수 있는 유일한 사람은 대규모 농장의 주인이었고, 그들은 대부분 술집도 경영하고 있었다.

농장주로부터 돈을 빌린 사람은 올가미에 걸려든 참새 꼴이 되기 십상이었다. 빚을 갚기 위해서는 어쩔 수 없이 농장에 가서 일을 해야 했다. 보통 그들은 오랜 시간 가족과 멀리 떨어져 살며 중노동에 시달렸다. 그들은 힘겨운 현실을 잊기 위해 계속 술을 마시며 돈을 빌리는 악순환을 반복했다. 그러다 결국 눈덩이처럼 불어난 빚에 농장주의 노예나 다름없는 신세로 전락하는 일이 다반사였다.

때로 농장주들은 모쏘에 의해 볼모로 잡힌 사람들을 다른 농장주에게 팔아넘기기도 했다. 그렇게 되면 가족으로부터 수십 킬로나 떨어진 머나먼 타지에서 거의 갇힌 신세가 되는 것이나 마찬가지였다. 만약 탈출을 시도하다가 잡히는 날에는 채찍으로 무자비하게 맞았다. 그들은 자유와 희망을 잃어버린 불쌍한 사람들이었다.

캐머런은 로비에게 티부르시오 이야기를 해주었다. 빚에 몰리고 술에 중독된 인디언을 자유롭게 하는 길은 하나님의 말씀밖에 없었다. 티부르시오의 변화가 바로 그 증거였다. 캐머런은 다른 사람들에게도 복음을 증거하고 싶은 열망에 불타올랐다.

그날 밤 캐머런은 몇 주 만에 처음으로 침대에 누워 잠을 청했다. 폭신폭신한 베개에 머리가 닿자마자 그는 잠에 빠져들었다. 매우 깊이 잠든 나머지 생명의 위협이 다가온 줄도 미처 모르고 있었다.

"캐머런, 어서 일어나!" 로비가 캐머런의 귀에 대고 다급하게 소리쳤다.

캐머런은 눈을 뜨고 주위를 둘러보았다. 캄캄한 어둠 속에서 로비가 자신의 어깨를 세차게 흔드는 것이 느껴졌다.
"무슨 일이에요?" 캐머런이 멍한 얼굴로 중얼거렸다.

"지진이야!" 엄청난 진동 소리가 울려 퍼지는 가운데 로비의 목소리가 들렸다. "밖으로 뛰어나갔다가 네가 없어서 다시 들어왔어. 넌 어떻게 이 상황에서 잘 수가 있니? 빨리 여기를 나가야 해, 어서!"

갑자기 정신이 번쩍 든 캐머런은 이불을 걷어 젖히고 문이 있는 쪽으로 달려 나갔다. 로비와 캐머런은 순식간에 건물을 빠져나와 거리에 섰다.

"저기를 봐!" 로비가 캐머런의 몸을 잡아 돌리며 외쳤다.

캐머런은 희미한 달빛 속에서 거리에 벌어지고 있는 광경을 공포와 경이감 어린 눈으로 지켜보았다. 약 1km 전방에 자갈로 포장된 도로가 마치 굽이치는 파도처럼 솟아오르며, 두 사람이 서 있는 쪽으로 계속 밀려 나왔다.

"꼭 롱비치에서 본 파도 같구나!" 땅바닥이 불쑥불쑥 솟아오르면서, 위에 세워진 건물들을 차례로 부숴 버리고 있었다. 캐머런은 놀라서 입을 벌린 채 시선을 떼지 못했다.

사방이 온통 아비규환이었다. 거리 맞은편에 있는 장로교 병원에서는 간호사들이 휠체어를 밀거나 들것을 들고 부리나케 환자들을 대피시키는 모습이 보였다. 캐머런과 로비가 서 있는 위치의 바닥까지 솟아오르자 두 사람은 서로를 얼싸안았다. 땅이 솟아오르면서 몸이 공중에 붕 떠오르고 아찔한 느낌이 들었지만 부상을 입지는 않았다.

"가서 간호사들을 도와주자!" 캐머런과 로비는 틈새가 쩍쩍 벌어진 거리를 달려서 병원 안으로 갔다. 병원은 기적적으로 무너지지 않고 그 자리에 서 있었다.

캐머런과 로비는 먼동이 틀 때까지 환자들을 밖으로 후송하여 거리 한가운데로 내보내는 일을 했다. 두 사람은 밤새 환자들을 편안하게 해주기 위해 최선을 다했다.

도시에 사는 모든 사람이 거리로 나와 있었다. 대부분의 집은 무너져 쓰레기 더미로 변했고, 그나마 서 있는 건물도 안으로 들어가기에 위험할 만큼 손상을 입었다. 게다가 여진의 가능성 때문에 누구도 집 안으로 들어갈 엄두를 내지 못하고 있었다.

Chapter 4
절망, 그리고 희망

성탄절 아침이 밝은 후에야 지진으로 인한 피해 상황이 파악되었다. 무너진 건물들의 잔해물이 거리마다 산처럼 쌓여 있어, 마치 한차례 화재가 휩쓸고 지나간 뒤처럼, 모든 지역이 황폐하게 변해 버렸다.

정오 무렵이 되어 도시의 관리들이 공공 광장 한가운데에 피해 복구 사무소를 차렸다. 캐머런은 무너진 선교회 건물에 들어가 십여 권의 성경을 주웠다. 그리고 나서 그는 혹시 자신이 거들 일이 있는지 보려고 광장으로 걸어갔다. 캐머런은 광장으로 가는 길목에서 한 남자가 도랑 사이에 앉아 술을 마시는 모습을 보았다. '도대체 얼마나 많은 사람이 저렇게 멍하니 앉아 현실의 고통을 술로 잊으려 하는 걸까?' 하는 생각이 들었다.

캐머런은 광장에 있는 사무소를 찾아갔다. 그는 사무실에 앉아 있는 시장에게 다가가 생각해 둔 말을 꺼냈다. "시장님, 이렇게 힘든 상황에 성경 한 권을 드리고 싶습니다."

"고맙소." 시장은 캐머런을 쳐다보지도 않은 채 건성으로 대꾸했다.

캐머런은 용기 내어 다시 말을 건넸다. "지금 얼마나 바쁘실지 잘 알지만, 한 가지 건의하고 싶은 사항이 있습니다. 만약 시민들이 오늘 같은 날 술에 취해 있다면 어떻게 되겠습니까? 이토록 위급한 상황에 어떠한 보탬도 될 수 없다는 사실은 시장님도 인정하실 것입니다. 어느 정도 상황이 호전되기 전까지, 제발 온 도시에서 술을 팔지 못하도록 지시를 내려 주십시오."

시장은 캐머런의 얼굴을 한참이나 뚫어지게 바라보았다. 순간 캐머런의 얼굴은 홍당무가 되었다. 스물한 살의 깡마른 미국인 청년이 시장에게 이래라 저래라 하는 모습이라니…. 과연 시장은 어떻게 생각할 것인가?

한참 생각에 잠겨 있던 시장은 옆에 있던 한 관리를 향해 소리쳤다. "전 지역에 즉시 술 판매 금지령을 내리게!"

"예, 알았습니다." 관리는 곧장 대답한 뒤, 지시 사항을 전달하려고 서둘러 밖으로 나갔다.

캐머런은 자신의 귀를 의심했다. 시장이 자신의 제안을 수용하다니! 아니, 자신이 시장에게 제안할 만큼 용기를 낼 수 있었다는 사실이 믿기지 않았다. 과테말라에서 지낸 몇 달 동안, 그는 어느 때보다 더 자신감과 확신에 차 있었다.

황폐한 터전

그해의 성탄절은 재난의 상처로 얼룩진 '고난의 성탄절'이었다. 건물 더미에 깔려 신음하는 사람들을 구조하고, 길을 헤매는 아이들의 부모를 찾아 주었으며, 임시 천막을 설치하여 환자들을 치료했다. 캐머런은 한밤중에 지진이 났다는 소리를 듣고 잠자리에서 끌려 나온 이후, 42시간이 지난 뒤에야 비로소 눈을 붙일 수가 있었다. 그는 피곤에 지친 몸으로 로비가 누워 있는 임시 천막의 땅바닥에 쓰러져 곯아떨어졌다. 신고 있던 장화를 벗을 겨를도 없었다.

그 후 한 달 동안 여진이 계속되었다. 가장 심한 여진은 1918년 1월 24일에 일어났다. 그 바람에 그나마 남아 있던 건물들이 모조리 파괴되었다. 최초의 강진과 그 뒤를 이은 여진으로 과테말라시티에는 온전한 건물이 하나도 남아 있지 않았다. 또한 수백 명의 사람이 목숨을 잃었기에 장례식이 끊일 날이 없었다.

힘을 다해 복구를 돕기는 했지만, 캐머런은 하루 빨리 마을로 돌아가고 싶었다. 다시 성경을 팔며 전도를 하고 싶기 때문이었다. 피해를 복구할 만한 구조 인력이 충분히 형성되자, 캐머런은 이제 그 도시를 떠나도 되겠다는 생각이 들었다. 이번에도 프란시스코 디아즈가 그와 동행했다.

두 사람은 11개월에 걸쳐 과테말라, 엘살바도르, 온두라스, 니카라과를 다닐 예정이었다. 일정이 상당히 빡빡한 데다, 캐머런과 프란시스코 모두 독감에 걸려 고생하는 바람에 더욱 고된 여정이 되었다. 그들은 며칠 동안 꼼짝도 못한 채 끙끙 앓고 난 후에야 서서히 회복되었다. 1918년에는 독감에 걸려 사망하는 사람의 수가 전 세계적으로 수백만에 이르렀다.

캐머런은 프란시스코 디아즈와 함께 일하는 동안 그의 현명함과 결단력에 날로 감탄했다. 프란시스코는 무엇이든 금방 이해했고, 캐머런이 가르치는 성경 내용을 스펀지처럼 빨아들여 소화했다. 라디노 사람들이 인디언을 둔하고 멍청하다고 생각했던 이유는, 인디언의 언어가 아닌 스페인어로 의사소통하기를 강요했기 때문이었다. 인디언이 모국어를 읽고 쓸 수 있도록 가르친다면, 그들이 그렇게 무시당하며 살지는 않을 것이다. 그러나 문제는 그들에게 모국어 문자가 없다는 것이었다.

그들에게는 사전도 없었고, 학교도 없었다. 또한 작물을 효과적으로 재배하려면 어떻게 하는지, 어떤 방법으로 간단한 질병을 치료할 수 있는지에 대한 지침서 한 장도 없었다. 고유 언어로 기록된 문서나, 과학적인 지식을 배울 만한 자료는 눈 씻고 찾아도 없는 상황이었다. 그러니 인디언이 미신에 사로잡혀 사는 것은 어쩌면 당연한 결과였다.

미신을 타파하고 20세기 현대 문명으로 향하는 길을 닦는 일은 간단했다. 인디언 종족의 언어를 '문자'로 만들어 글을 읽게 하고, 성경을 번역함으로써 사람들이 진리를 깨우치게 해주는 것이다. 하지만 실제로 그 길을 닦아 가는 일은 그리 간단하지 않았다.

위기 속에 피어나는 희망

캐머런과 프란시스코는 여정 막바지에 이르러 니카라과 국경 근처의 정글을 지났다. 두 사람은 어느 한 곳에 자리를 잡아 모닥불을 피워 놓았다. 그전에 들른 한 마을에서 사냥한 원숭이 한 마리를 주었는데, 바로 그 원숭이를 불에 올려 굽는 중이었다. 고기가 익기를 기다리는 동안 두 사람은 대화를 나누었다.

"인디언 아이들을 위해 누군가 학교를 열면 어떨까요?"

캐머런의 질문에 프란시스코가 반문했다. "누가 학교를 열어야 한다고 생각하는 거죠, 돈 기예르모? 라디노 사람들은 아예 인디언을 상대하려 하지도 않는 걸요. 게다가 선교사들은 모두 스페인어를 배워 와서, 우리에게 스페인어를 가르치는 데에만 열중하잖아요."

"그래도 인디언 중에 누군가는 학교를 열어 사람들을 가르칠 수 있을 텐데요. 당신이 하는 건 어때요, 프란시스코? 읽고 쓰는 법을 아시잖아요."

원숭이 고기를 꼬챙이로 뒤집으며 프란시스코가 대꾸했다. "맞는 말이에요. 하지만 무슨 소용이 있겠어요? 나는 스페인어를 조금 읽고 쓸 줄 아는 것뿐인데요. 인디언은 하루에 열두 시간씩 일하느라, 선교사들에게 스페인어를 배울 시간이 없어요. 더구나 나 같은 사람에게 누가 스페인어를 배우려고 하겠어요?"

캐머런은 타오르는 모닥불을 한참 동안 바라보았다. 인디언이 그들의 언어로 읽고 쓸 수 있도록 적극적으로 나서서 가르쳐야 한다. 그러나 대체 누가 그 일을 한단 말인가?

프란시스코가 생각에 잠긴 캐머런을 향해 말했다. "당신이 가르치면 어때요, 돈 기예르모? 우리와 같이 살면서 카크치켈 사람들을 위해 학교를 열고, 우리말로 성경을 번역해서 읽는 법을 가르치면 안 될까요?"

캐머런은 프란시스코의 말이 진심인지 궁금하여 그의 얼굴을 바라보았다. 그의 표정은 사뭇 진지해 보였다. "글쎄요, 아무래도 그러기는 힘들 것 같은데요…." 캐머런은 불가능하다는 생각에 말꼬리를 흐렸다. 그는 아직 대학도 졸업하지 않은 데다, 언어학 과정을 공부한 것도 아니었다. 또한 그가 아는 한 카크치켈 언어는 상당히 복잡하고도 어려웠다. 게다가 성경 판매가 끝나고 나면, 그의 고정적 수입원도 끊어지게 될 터였다.

캐머런은 프란시스코에게 "그 일은 내게 불가능해요"라고 실토하고 싶었다. 한편, 그의 마음 한구석에서는 '불가능'이라는 단어에 심한 거부감이 일어났다. 과연 인디언의 언어를 배우는 일이 불가능할까? 인디언의 언어로 성경을 번역하는 일도 불가능할까? 학교를 열어서 인디언에게 그의 고유 언어를 가르치는 일이 불가능할까? 몇 년 동안 과테말라에서 살아갈 돈을 더 마련하는 일이 불가능할까?

그 순간 답답했던 가슴이 후련해지면서 모든 것이 명쾌해졌다. 하나님 안에서는 불가능한 일이 아무것도 없다! 모든 일이 가능할 뿐만 아니라, 그가 과테말라에 남아서 그 일을 하는 것도 불가능하지 않은 것이다!

행복한 결혼식

1918년의 성탄절을 앞둔 시기, 캐머런은 다시 과테말라시티로 돌아왔다. 로비를 만나고 싶었지만 그럴 수 없었다. 그는 군대에서 소집영장을 받아, 전쟁이 끝난 직후인 11월에 미국으로 돌아갔던 것이다.

캐머런은 과테말라시티에 있는 장로회 선교사 부부 집에 머물게 되었다. 거리를 거닐며 살펴보니, 그동안 복구를 위해 애쓴 흔적이 역력했다. 11개월 전에 그 도시를 떠날 때만 해도, 그 거리는 온통 건물 잔해와 쓰레기로 뒤덮여 있었다. 하지만 지금은 매우 말끔했다. 게다가 이곳저곳에 새로운 건물을 짓느라 공사가 한창이었다. 몇 개월이 지나면, 지난 성탄절에 일어난 지진으로 도시 전체가 잿더미로 변했다는 사실 자체가 머나먼 옛일처럼 느껴질 것 같았다.

캐머런은 자신을 대접해 주는 선교사 부부가 늘 고마웠지만, 함께 이야기하고 의견을 나눌 로비가 곁에 없으니 외로웠다. 마침 그 시기에 시카고 출신의 한 여선교사를 알게 되었다. 엘비라 맘스트롬(Elvira Malmstrom)이라는 이름의 여선교사는 캐머런보다 네 살이 많은 스물여섯 살이었다. 두 사람은 첫눈에 서로 마음이 끌렸다. 스페인어를 완벽하게 구사하는 엘비라는 캐머런이 우스갯소리를 할 때마다 명랑하게 웃었다.

성탄절 캐럴을 부르는 자리에서 엘비라는 오르간을 연주했다. 또한 엘비라는 캐머런이 기도 편지를 쓸 때, 빠진 사람이 없도록 발송자 명단을 챙겨 주기도 했다. 시간이 갈수록 캐머런에게 엘비라의 존재는 더욱 소중하고 가깝게 느껴졌다. 엘비라는 어린이들 가르치는 일을 좋아했으며, 캐머런처럼 인디언 마을에 들어가고 싶어 했다. 캐머런은 성탄절을 보내고 샌안토니오 마을로 돌아가기에 앞서, 엘비라에게 한번 들르라고 당부했.

2월이 되어 중앙아메리카 선교회 소속 선교사로 일하는 트라이클러(Treichler) 부부와 엘비라가 샌안토니오 마을을 찾아왔다. 학교를 열고자 계획했던 당초의 계획은 별다른 진전이 없는 상태였다. 왜냐하면 캐머런은 그동안 말라리아에 걸려 몹시 아팠고, 지금도 여전히 건강이 좋지 않다. 그렇지만 그는 3명의 선교사를 반갑게 맞아들여 샌안토니오 마을을 구경시켜 주었다.

인디언과 잘 어울리며 수월하게 적응하는 엘비라의 모습을 보니, 캐머런은 내심 기쁜 마음이 들었다. 엘비라는 아픈 사람들을 찾아가 병문안을 하고, 카크치켈 언어도 몇 마디 배워 직접 대화했다. 과테말라시티로 다시 돌아가야 할 시간이 다가올 즈음, 캐머런은 엘비라가 자신이 원하던 배우자라는 사실을 확신했다. 이에 캐머런은 1919년 밸런타인데이에 청혼을 하였고, 이틀 뒤 엘비라의 동의를 얻었다.

트라이클러 선교사는 얼마 있으면 결혼하게 될 캐머런을 따로 불러 물었다. "자네, 가족을 부양할 방법은 있는가?"

캐머런이 확실한 대답을 하지 못하자 트라이클러 선교사는 한 가지 제안을 했다. 성경 판매를 끝마쳤으니, 중앙아메리카 선교회에 소속되어 일하라는 것이었다. 중앙아메리카 선교회 소속 선교사가 되면, 카크치켈 인디언을 대상으로 계속 사역할 수 있었다. 게다가 필요한 후원금을 조성할 수도 있을 것이다.

캐머런과 엘비라는 그 문제를 신중히 의논했다. 그 끝에 중앙아메리카 선교회에 들어가는 것이 여러모로 유익하겠다는 결론을 내렸다. 이에 그는 선교 위원회에 신청서를 제출했고, 두 사람이 결혼하기 4개월 전인 3월에 선교회의 승인을 받았다. 이로써 캐머런과 엘비라는 공식적으로 중앙아메리카 선교회 소속 선교사가 되었다.

1919년 7월 9일, 캐머런의 스물세 번째 생일에 캐머런과 엘비라는 결혼식을 올렸다. 캐머런은 자신의 아버지처럼 생일에 결혼하기를 원했었다. 캐머런과 엘비라의 여러 지인은 온갖 도움을 아끼지 않았다. 트라이클러 선교사는 자신이 갖고 있던 금화 한 개를 기부하여, 보석상에서 신부의 결혼반지를 만들어 주었다. 또한 중앙아메리카 선교회 총재는 캐머런이 마을을 돌아다닐 때 입었던 낡아 빠진 의복 대신 멋진 신랑 예복을 선사했다. 라디노의 한 여성도는 엘비라를 위해 아름다운 신부 드레스를 만들어 주기도 했다. 캐머런의 가족은 아무도 결혼식에 참석하지 못했지만, 시카고에서 목회하고 있는 엘비라의 오빠 칼(Carl)이 결혼식에 참석해서 신랑 들러리를 서 주었다.

두 사람의 신혼여행은 매우 이색적이었다. 캐머런과 엘비라는 미국에서 일부러 걸음을 한 칼에게 과테말라 선교 사역을 가능한 많이 보여 주고 싶었다. 결혼식 다음 날 세 사람은 130km가 넘는 거리를 여행하며, 카크치켈 인디언의 집을 일일이 방문했다. 인디언 짐꾼 한 사람이 엘비라의 작은 오르간을 운반했고, 캐머런과 칼은 옷과 다른 물건들을 들고 갔다. 최근에 캐머런이 구입한 당나귀 '필그림'은 엘비라가 타고 갔다. 마을에 도달하였을 때, 엘비라는 오르간을 연주하고 캐머런과 칼은 예배를 인도하며 사람들에게 전도지를 나누어 주었다.

카크치켈어 배우기

엘비라의 오빠인 칼 맘스트롬(Carl Malmstrom)은 2주 뒤에 미국으로 돌아갔다. 이제 캐머런과 엘비라는 본격적으로 신혼 가정을 꾸려야 했다. 그들은 안티과에서 몇 달 동안 머물며 샌안토니오를 정기적으로 방문하기로 했다. 이는 캐머런이 시작한 학교를 돌보기 위해서였다.

그 학교는 중앙아메리카에서 인디언을 위해 최초로 세운 학교였다. 그러나 멀리 떨어져 있는 학교를 돌보는 데에는 현실적인 어려움이 있었다. 이에 캐머런은 시카고의 무디 교회에서 보내 준 70달러의 헌금을 가지고, 샌안토니오에 옥수숫대로 만든 방 한 개짜리 집을 지었다.

그곳에 정착한 뒤로 두 사람은 눈코 뜰 새 없이 바빠졌다. 교회 모임이 있을 때면 엘비라는 오르간 반주를 했고, 사람들에게 바느질, 노래, 오르간 연주를 가르쳐 주었다. 또한 아픈 사람을 병문안하기도 하는 등, 여러 방면에서 완벽한 아내의 역할을 감당했다. 단, 엘비라에게는 한 가지 단점이 있었다. 갑자기 분노를 터뜨리는 경우가 있었던 것이다. 그것은 단순히 성격적인 결함인 것만은 아니었다.

엘비라는 가끔 이유 없이 화를 내면서 소리를 지르고, 물건을 던지며 자신의 감정을 제대로 주체하지 못했다. 그럴 때면 캐머런은 말없이 서서, 도대체 무엇 때문에 화를 내는지 원인을 찾아보려고 했다. 처음에는 엘비라의 난폭한 행동에 당혹감을 느꼈다. 그렇게 동일한 일이 여러 번 반복되자, 아무래도 엘비라에게 정신적인 문제가 있으리라는 판단이 섰다. 이에 캐머런은 엘비라가 어떤 행동을 하든지, 언제나 부드럽게 잘 대해 주려고 애썼다.

캐머런은 또다시 프란시스코 디아즈와 함께 일하게 되어 무척 기뻤다. 캐머런은 현지인 스스로 사역을 이어가도록 돕는 것을 목표 삼았다. 그는 학교를 이끌어 갈 적임자로 프란시스코를 주목했다. 마을 사람들도 정직하고 성실한 프란시스코를 신뢰하고 존경했다. 그러던 어느 날, 어이 없는 일이 벌어지고 말았다. 프란시스코가 말라리아에 걸려 며칠 만에 세상을 떠난 것이다. 망연자실한 캐머런은 깊은 슬픔에 잠겼다. 그러나 한편으로는 프란시스코의 당부를 이행하여, 반드시 카크치켈어로 성경을 번역하겠다는 굳은 각오를 다지게 되었다.

카크치켈 언어를 배우는 일은 생각보다 어려웠다. 일단 온 신경을 기울여 그들이 하는 말을 듣고 그대로 흉내를 내야 하는데, 그 소리가 영어와는 전혀 달랐다. 전부 비슷한 소리처럼 들리지만 그 의미는 제각각이었다.

카크치켈어로 '붉다', '인색하다', '검다', '벼룩'이라는 단어의 발음은 거의 비슷했다. 단지 각 단어의 끝 발음에 약간 차이가 날 뿐이었다. '붉다'라는 단어는 평범하게 '악'으로 끝나고, '인색하다'는 기침할 때 나는 소리처럼 급격하게 끊어지며, '검다'라는 말은 톡 쏘는 듯한 음이 첨가되고, '벼룩'이라는 단어 끝에는 마치 아담이 사과를 베어 먹다가 목에 걸렸을 때 냈을 것 같은 숨 막히는 소리가 났다.

언어를 문자화하는 훈련을 한 번도 받아 보지 못한 캐머런은 네 개의 비슷한 발음을 어떤 식으로 표기해야 할지 난감했다. 소리를 기록하는 일은 문법에 비하면 아무것도 아니었다. 예를 들면 '뛰다', '놀다', '먹다' 같은 단어들은 일정한 동사의 어형이 있고 첫음절과 마지막 음절이 있기에 다른 음절을 덧붙여 의미를 변화시킬 수가 있다. 즉 '뛰다'를 '뛰고 있다'로, '놀다'를 '뛰어놀다'로, '먹다'를 '먹었다' 등의 형태로 변형하는 것이 가능한 것이었다. '~고 있다'를 붙이면 현재 행동이 진행되는 상황을 의미하는 것이고, '~었다'가 붙으면 과거형이 되며, '놀다' 앞에 '뛰어'를 붙여 수식할 수도 있다.

그러나 캐머런은 카크치퀠어의 동사에서 일정한 형태를 찾을 수가 없었다. 동사들이 너무 길어서 그 의미를 파악하기가 힘들었던 것이다. 날마다 공책에 단어들을 적어 가며 인디언이 하는 이야기를 들었지만, 동사 형태는 여전히 수수께끼 같았다. 동사 형태를 알아내고자 애를 쓰면 쓸수록 점점 더 미궁 속으로 빠져드는 느낌이었다. 성공적으로 문자를 만들고 번역을 하기 위해서는 반드시 누군가의 도움이 필요했다.

어느 날 안티과에 가서 필요한 물품들을 사고 있을 때였다. 어디선가 누가 영어로 이야기하는 소리가 들렸다. 캐머런은 반가운 마음에 얼른 달려가서 인사를 건넸다. 그 사람은 미국의 유명한 고고학자 게이츠(Gates) 박사였다. 게이츠 박사 역시 고국 사람을 만난 반가움에 매우 즐거워했다.

두 사람은 가까운 다과점에 들어가 커피를 마시며 이야기를 나누었다. 게이츠 박사는 고대 필사본을 찾는 중이라고 말했고, 캐머런은 카크치켈 언어를 해독하느라 고심하고 있다고 이야기했다. "동사가 참으로 난해합니다. 어떤 형태로 사용되는지를 알아낼 수가 없거든요. 동사 형태만 알아낸다면 금세 언어를 파악할 수 있을 텐데요."

캐머런의 이야기를 듣던 게이츠 박사는 잠시 생각에 잠긴 듯 턱을 쓰다듬더니 이내 입을 열었다. "내가 카크치켈어를 잘 알지는 못하지만, 캐머런 선교사가 지금 어느 부분에서 막혀 있을지는 짐작이 가는군요. 영어를 비롯한 몇몇 언어는 라틴어에서 파생됐는데, 아마 우리가 라틴어 양식대로 카크치켈 언어를 해석하려 들기 때문일 겁니다. 시카고 대학의 언어학 교수인 사피어(Sapir) 박사가 이렇게 말한 적이 있지요. 바로 지금 당면해 있는 문제를 완전히 거꾸로 풀어 보라는 것이었어요. 영어식으로 단어를 조합하려 하거나 카크치켈어를 영어와 비교하는 대신, 카크치켈어의 가장 기본적인 단어들을 배워 봐요. 그 단어들에 익숙해질 때면, 카크치켈 언어만이 갖고 있는 고유의 형태들이 파악되겠지요."

캐머런이 무릎을 탁 쳤다. "바로 그거군요! 맞는 말씀입니다. 모든 언어는 고유의 문법 체계를 갖고 있으니, 영어와 비교하는 일을 그만두면 훨씬 수월하게 그 체계를 찾아낼 수 있겠네요!"

"맞아요. 카크치켈 언어만이 갖고 있는 자체 논리를 발견하게 될 거예요." 게이츠 박사가 캐머런의 어깨를 두드리며 격려했다.

이제 캐머런의 목소리는 거의 흥분에 가까웠다. "저는 그 사실을 왜 진작 깨닫지 못했을까요? 사실 숫자 체계도 동일한 것 같습니다. 저는 숫자 체계를 알아내는 데에도 한참 걸렸어요. 그런데 일단 알고 나니까 아주 단순하고 쉽더군요. 카크치켈 인디언은 숫자를 셀 때, '하나, 둘, 셋, 넷, 다섯, 여섯, 일곱, 여덟, 아홉'까지는 우리와 동일한데, 열이 되면 '한 사람'이라고 하고 그 이후에는 '한 사람 하나, 한 사람 둘, 한 사람 셋,' 이런 식으로 세다가 스물이 되면 '두 사람'이라고 하더군요."

캐머런은 따끈한 커피를 한 모금 들이키며 말을 계속했다. "그래서, 왜 열이 '한 사람'이 되고 스물이 '두 사람'이 되는지 무척이나 궁금했답니다. 어느 날 한 인디언 소년이 그 이유를 가르쳐 주었지요. 한 사람은 열 개의 손가락을 가졌고, 두 사람은 스무 개의 손가락을 가졌기 때문이라는 겁니다. 정말 간단하지요. 저는 우리 식의 숫자 체계에 지나치게 익숙해져 있어서 카크치켈만의 논리를 미처 발견하지 못했던 겁니다."

게이츠 박사가 그 말을 듣고 껄껄 웃었다. "샌안토니오에서 하고 있는 사역에 대해 좀 더 이야기해 주시죠. 아주 흥미로운데요."

오후 늦게 게이츠 박사와 헤어진 캐머런은 신이 나서 샌안토니오로 돌아왔다. 우연히 고고학자를 만나게 된 것이 얼마나 감사한 일인가! 그는 이제 카크치켈어를 해독할 수 있는 열쇠를 손에 쥔 셈이었다. 캐머런은 당나귀를 타고 마을로 돌아오는 동안 '만약 내게 언어 습득과 번역에 대한 사전 지식이 있었다면, 얼마나 빠르고 유연하게 언어 해독을 진행할 수 있었을까?' 하고 생각했다. 사피어 박사처럼 요긴한 지식을 알려 줄 사람이 누가 또 있을까?

본격적인 번역 사역이 시작되다

다음 날부터 캐머런은 인디언이 하는 이야기를 듣고, 단어들을 공책에 기록해 나갔다. 단 며칠 사이에 카크치켈 언어의 구조가 한눈에 들어왔다. 그동안 동사 형태를 이해하지 못한 것은 당연한 일이었다. 카크치켈어에는 실제로 수천 개의 동사 형태가 존재했던 것이다.

예를 들어 '걷다'라는 동사는 십만 개의 접두어와 접미어의 변화로 또 다른 의미를 지닐 수 있었다. 접두어와 접미어들은 보통 여러 개의 형태로 묶여서, 엄청나게 길고 복잡한 단어들을 형성했다. '걷는다'라는 단어에 어떤 음절이 붙느냐에 따라 누가 걷고 있는지, 어디를 걷고 있는지, 어디를 향해 걷고 있는지, 얼마나 많은 사람이 걷고 있는지, 어느 정도의 속도로 걷고 있는지 등등 수많은 의미를 만들어 낼 수 있었다. 결국 이 많은 단어가 한 어근에서 파생되어 나오는 것이었다.

몇 개월이 지나서 캐머런은 카크치켈 언어의 기본 구조를 알아냈다. 우선 언어를 문자화하는 방법을 고안해야 했는데, 임시로 스페인어 문자를 빌려서 카크치켈어의 자음과 모음을 표기하기로 했다. 그렇게 하니 네댓 개의 글자만으로도 복잡한 카크치켈어 문장 표기가 가능했다. 문자를 정하고 나니, 본격적인 번역 작업에 착수할 수 있었다.

가장 먼저 신약성경의 마가복음을 번역하기로 했다. 비록 많은 오역이 발생하기는 하겠지만, 자신의 번역 사역이 카크치켈 인디언에게 하나님을 이해하는 일의 도구가 되기를 간절히 희망했다. 다행히 인근의 코말라파 마을에 사는 한 인디언 남자가 번역을 도와주기로 했다. 엘비라도 번역 사역을 거들었다. 캐머런이 한 문단을 번역하고 나면, 엘비라는 타자기로 원고를 타이핑해 주었다.

드디어 마가복음 네 장의 초벌 번역을 마친 캐머런은 원고를 들고 안티과에 있는 인쇄소를 찾아갔다. 그러나 인쇄공을 찾기가 쉽지 않았다. 겨우 시장의 사무실에서 근무하는 인쇄공 한 사람을 알게 되었을 뿐이었다. 캐머런이 시장의 사무실 앞에서 인쇄공과 '구두점'에 대한 의논을 하고 있을 때 시장이 안으로 들어왔다. 그는 캐머런의 손에 들린 원고들을 힐끗 보고는 "무슨 일인가?" 하고 물었다.

"저는 마가복음서를 카크치켈어로 번역하는 중입니다. 이번에 4장까지 완성되어서 인쇄를 하려고 찾아왔습니다." 캐머런은 약간 우쭐한 기분으로 시장의 질문에 대답했다.

그러나 시장은 예상 밖으로 얼굴을 찌푸렸다. "무슨 쓸데없는 짓인가! 우리는 인디언을 개화시키고 스페인 방식을 주입하려고 하는데, 자네는 도리어 그들의 낙후된 언어를 가르치려 하다니…. 우리가 인디언 언어를 완전히 없애 버리려 한다는 사실을 모른다는 말인가?"

순간 캐머런의 등에서는 식은땀이 흘렀다. 무슨 말로 해명을 해야 하는가? 한마디만 잘못했다가는 소중한 원고를 인쇄할 수 없게 될 것이다. '하나님, 지혜를 주십시오.' 캐머런은 속으로 재빨리 기도했다. 그리고 잠시 후 그는 시장에게 공손히 이야기했다. "하지만 시장님, 이 글이 어떻게 기록되어 있는지 한번 보십시오."

캐머런은 원고를 시장에게 보여 주었다. "한쪽은 카크치켈로 되어 있고, 반대편에는 스페인어가 기록돼 있지 않습니까? 인디언이 이것을 읽으면 자신의 언어뿐만 아니라, 스페인어까지 배울 수 있게 될 겁니다."

시장은 캐머런이 내민 원고를 자세히 훑어보았다. "흠…. 그렇다면 별 문제는 없을 것 같군. 인쇄하게."

시장은 사무실을 나가며 인쇄공에게 인쇄 허락을 내렸다. 순간 캐머런의 입에서 안도의 한숨이 새어 나왔다. 인쇄공은 캐머런이 지시하는 사항을 일일이 적은 뒤, 한 달 안에 인쇄해 주겠다고 약속했다. 더욱이 시장이 캐머런의 사역을 인정했으므로 인쇄비까지 할인해 주었다.

한 달이 지나 마가복음 네 장의 인쇄가 끝났다. 캐머런은 안티과에 와서 완성된 소책자를 들고 샌안토니오로 돌아갔다. '마을에 돌아가면 소책자를 본 카크치켈 그리스도인들이 무척 좋아하겠지?' 캐머런은 나름의 즐거운 상상을 했다. 그 결과는 캐머런이 상상했던 것 이상이었다.

"이것 좀 봐, 하나님이 우리말을 하신다!" 카크치켈 인디언은 몹시 감격하여, 울고 웃으면서 소책자를 돌려 보느라 정신이 없었다.

캐머런이 번역한 마가복음 소책자는 날개 돋친 듯 팔려 나갔다. 글자를 못 읽는 인디언도 전도하러 나갈 때는 언제나 캐머런의 소책자를 들고 다녔다. 얼마 후에는 부근의 카크치켈 마을 사람들이 캐머런을 찾아와서 "언제쯤 문자 가르쳐 줄 거야? 언제 성경 읽을 수 있게 해줄 거야?" 하고 문의하는 통에 캐머런 집의 문지방이 닳을 지경이었다.

선한 사업의 씨앗

1920년 11월, 안티과는 '중앙아메리카 연합총회'(Central American Congress)에 대한 소식으로 시끌벅적했다. 그것은 중앙아메리카에 속한 각 나라의 정치인들과 외교관들이 모여 하나의 거대한 국가로 연합할 수 있는 가능성을 타진하는 역사적인 모임이었다.

캐머런도 연합총회에 대한 소식을 알고 있었지만 별다른 관심을 갖지는 않았다. 그러던 중에 한 여인이 흥미로운 제안을 했다. "천주교에서는 연합총회를 위한 특별 미사를 연다고 하던데요. 캐머런 선교사님이 나서서 개신교 예배를 주도하면 어떻겠어요?"

"그럴 필요가 있을까요?" 반문하는 중에 한 가지 생각이 퍼뜩 머리를 스쳤다. 분명 그럴 필요가 있다! 그 기회를 잘 활용하면 카크치켈 인디언 사역에 대해 소개할 수 있을 것이다. 특히 인디언이 자신의 고유 언어로 읽고 쓰는 모습을 보여 주는 것이다. 중앙아메리카의 각국 고관들에게 부족 언어로 성경 번역하는 일을 소개하는 데 그보다 더 좋은 기회가 어디 있으랴!

캐머런은 즉시 행동을 개시했다. 그는 엘비라와 함께 연합총회에 참석하고 있는 주요 인사들에게 형식을 갖춘 초대장을 보낸 뒤, 그들이 예배에 참석하도록 기도했다. 엘비라는 샌안토니오에 사는 그리스도인들 몇 명을 모아서 자신이 번역한 카크치켈 찬송가를 연습하도록 지시했다.

어느덧 금요일 오후가 되었다. 예배 시간이 다가오자 작은 개신교 예배당 좌석이 초대된 손님들로 채워지기 시작했다. 예배는 순조롭게 진행되었다. 이윽고 마지막 순서가 되자 캐머런이 앞으로 나왔다. 그는 참석한 모든 사람에게 감사 인사를 했다. 정확히 누가 참석했는지는 모르지만, 대부분 외교관 차로 도착한 것을 보면 고위직 주요 인사들이 분명했다. 캐머런의 짧은 인사말이 끝나자, 키가 훤칠하고 위엄 있어 보이는 한 남자가 자리에서 일어났다. 교회에 모인 모든 사람의 시선이 일제히 그에게 쏠렸다. "저는 과테말라 의회를 대표하여 한 말씀드리고 싶습니다."

그가 무슨 말을 하려는지 짐작이 안 갔지만, 캐머런으로서는 말릴 방도가 없었다. 앞으로 뚜벅뚜벅 걸어 나온 그는 캐머런의 손을 잡고 힘차게 악수한 뒤 말문을 열었다. "이곳에 모인 인디언의 삶이 성경 말씀으로 인해 얼마나 변했는지를 보니 참으로 놀랍습니다. 그동안 스페인 사람들은 인디언을 짐승이나 다름없이 취급하며 학대해 왔었죠. 저는 캐머런 선교사의 사역에 깊은 감명을 받았습니다."

그의 말이 끝나자, 이번에는 또 다른 사람이 자리에서 일어났다. 그는 자신을 온두라스(Honduras) 대통령의 남동생이라고 소개한 후에 이렇게 말했다. "저 역시 인디언을 위한 선한 사업에 감동을 받았고, 캐머런 선교사의 사역을 적극 지지하는 바입니다."

이번에는 중앙아메리카 연합총회의 사무관이 일어나 캐머런과 인디언의 예배에 대해 칭찬을 아끼지 않았다. 그것은 생각지 않은 의외의 반응이자 좋은 결과일 뿐만 아니라,

캐머런에게 새로운 깨달음을 주는 계기이기도 했다.

자신이 주도한 예배가 총회의 공식 행사가 아니었음에도, 인근 나라에서 온 주요 인사들은 그 예배에 기꺼이 참석해 주었다. 그 결과 그들의 생각 속에 인디언도 고유 언어로 읽고 쓸 수 있으며, 성경 번역 또한 가능하다는 사실을 심어 주게 되었다.

캐머런과 카크치켈 인디언은 중앙아메리카의 각국 지도자를 기억하며, 그들 마음 안에 심겨진 씨앗으로 말미암아 언젠가 모든 종족이 자신들의 고유 언어로 된 성경을 갖게 해 달라고 열심히 기도했다.

돌아온 로비 로빈슨

그로부터 한 달이 지난 12월, 로비 로빈슨이 과테말라로 돌아왔다. 그는 유럽의 막바지 전쟁에서 살아남았을 뿐만 아니라 결혼까지 한 상태였다. 로비는 아름다운 신부 제네비브(Genevieve)를 데리고 왔다. 절친한 친구 로비가 인디언 사역을 저버리지 않고 다시 돌아와 처음의 열정으로 매진하는 모습을 보니 마냥 기뻤다. 두 사람은 그동안 일어났던 일을 이야기하며, 앞으로의 계획까지 의논하느라 끝없는 대화를 나눴다. 두 사람이 가장 먼저 협력하기로 한 사역은 1921년 1월로 예정된 카크치켈 성경 집회였다.

캐머런은 미국에서 초청 강사 한 사람이 오기로 되어 있다는 사실도 로비에게 말해 주었다. 레너드 렉터스(Leonard Legters)라는 그 강사는 오클라호마에 사는 코만치 인디언 사이에서 수년 동안 사역했던 선교사였다. 비록 캐머런은 그의 설교를 들은 적이 없었지만, 언젠가 대학 동기가 그를 '열정적인 설교가'라며 추천해 준 적이 있었다.

어느덧 성경 집회가 열리고, 레너드 렉터스가 도착하여 설교를 시작했다. 레너드는 '열정적'이라는 표현만으로는 부족한 사람이었다. 그는 분출하는 화산만큼이나 힘과 박력이 넘치는 설교자였던 것이다. 그는 밤낮으로 말씀을 전할 때마다, 어떤 물건이든 손에 들고 자신의 이야기에 어울릴 만한 비유를 찾아내야만 직성이 풀렸다. 레너드가 가장 곤욕스러워했던 것은, 캐머런이 레너드의 영어를 스페인어로 옮기고 나서 스페인어를 다시 카크치켈어로 통역하는 동안 가만히 서 있어야 한다는 점이었다.

날이 갈수록 성경 집회에 모이는 카크치켈 인디언의 수가 불어났다. 레너드 렉터스 선교사에 대한 입소문이 퍼지자 많은 사람이 집회에 참석했다. 그뿐만 아니라 집회 마지막 날에는 60명의 인디언이 주님을 영접하는 놀라운 결과가 나타났다. 게다가 개종자 중에는 한 부족의 추장도 포함되어 있었다.

집회가 끝난 뒤, 로비 부부는 짐을 꾸려 북서쪽으로 올라갔다. 그들은 아티틀란 호수 주변에 위치한 파나하첼 마을로 들어갔다. 캐머런 부부와 레너드는 인디언 통역자 한 사람과 함께 노새를 타고 반대 방향으로 나아갔다. 미국으로 돌아가기 전에 레너드는 한 마을이라도 더 찾아가 말씀을 전하고자 했다.

산악 지대를 도는 전도 여행이 끝나갈 무렵, 캐머런은 평생의 동역자를 얻은 기분이 들었다. 레너드 렉터스가 이듬해에 열리는 성경 집회에도 와서 말씀을 전하겠다고 약속했던 것이다. 게다가 미국에 가서 과테말라 인디언 사역을 널리 알리겠다는 다짐도 했다. 과연 레너드는 캐머런에게 편지를 보낼 때마다, 기독교 신문이나 잡지에 기고했던 과테말라 선교 관련 기사들을 동봉해 보냈다.

한편 산악 지대를 도는 전도 여행이 엘비라에게는 큰 무리를 준 듯했다. 여행 도중 엘비라는 몇 번이나 감정을 억제하지 못했고, 별것 아닌 일에 경찰을 부르며 소리를 질러대었다. 캐머런은 아내를 고국으로 보내어 쉬게 하는 것이 최선책이라고 생각했다. 친정집에 머물며 안식을 취하면 호전될지도 몰랐다. 캐머런은 가능한 한 빨리 자신도 미국에 가겠다고 약속한 뒤, 엘비라를 미국으로 돌려보냈다.

캐머런은 1년 전쯤에 현지인 목사를 위해 성경 훈련 과정을 시작했었다. 로비는 캐머런 대신 그 사역을 감독하고 학교 운영을 책임지기로 했다. 그리하여 1921년, 캐머런은 과테말라에 첫발을 디딘 지 4년 만에 미국에 가서 엘비라를 만날 수 있었다. 또한 로스앤젤레스로 가서 누나들, 조카들과 함께 기쁘게 재회했다. 얼마 전에 결혼한 남동생 폴의 아내 로라(Laura)는 특히 선교에 많은 관심을 가졌고, 선교사가 되길 희망하고 있었다.

오랜만에 친정집에서 좋은 시간을 보낸 엘비라였지만, 정신 건강에는 별다른 차도가 없었다. 매우 기분 좋은 상태에 있다가도, 느닷없이 분노가 솟으면 어쩔 줄을 몰랐다. 결국 캐머런은 엘비라를 데리고 정신과 의사를 찾아갔다. 그는 엘비라의 정신 치료가 가능한지, 만약 불가능하다면 이대로 과테말라에 돌아갈 수 있는지를 문의했다.

정신과 의사도 큰 도움이 되지 못했다. 당시의 정신의학 수준으로는 엘비라의 상태를 호전시킬 만한 약이 없었다. 하지만 의사는 엘비라가 선교지로 돌아가도 괜찮다고 말했다. 생활환경과는 큰 상관이 없는 질병이기 때문이었다.

캐머런은 다시 선교지로 돌아가야겠다는 확신이 들었지만, 떠나기 전에 해결해야 할 몇 가지 문제가 있었다. 로스앤젤레스에 있는 오픈도어 교회의 정식 교인이 되는 문제였다. 오픈도어 교회는 선교에 지대한 관심을 쏟고 있는 교회였다. 캐머런은 그곳 교인 중에 에인슬리(Ainslie)라는 의사 부부를 만나게 되었는데, 그들도 선교사가 되려고 고민하는 중이었다. 에인슬리 부부는 캐머런의 설교를 듣고 나서 과테말라 선교사로 나가기로 마음을 정했다. 캐머런의 남동생 폴과 그의 아내 로라 역시 과테말라로 가서 캐머런의 사역을 돕기로 했다.

사역의 확장

집에 머무는 동안 캐머런은 오래전부터 알고 지내던 사람들을 많이 만나게 됐다. 그중 한 사람은 캐머런이 5학년일 때 그의 주일학교 선생님이었던 헤임(Heim) 여사였다. 헤임 여사는 캐머런이 전하는 카크치켈 인디언 사역 계획을 주의 깊게 들었다.

"저는 인디언을 위한 학교 건물을 정식으로 지을 생각이에요. 버려진 아이들을 위한 시설도 지을 거고요. 진료소도 짓고 발전기도 설치해서, 인디언 가정에 전기가 들어오도록 할 계획이에요."

캐머런의 계획을 듣던 헤임 여사는 여느 사람들처럼 매우 흥미로운 반응을 보였다. 헤임 여사는 한 가지 질문을 던졌다. "그런 일들을 할 만한 돈이 있는 건가? 자네는 정기 후원금도 별로 없지 않은가?"

캐머런도 재정 문제를 고려하지 않은 것은 아니었다. 하지만 그는 걱정하지 않았다. "하나님의 일을 하나님의 방법대로만 한다면, 모든 필요를 하나님께서 공급해 주실 것입니다." 확신에 찬 캐머런의 말에 헤임 여사도 고개를 끄덕이며 동의했다. 헤임 여사는 자신의 주일학교 학생이었던 캐머런이 제대로 배운 것만은 틀림없다고 생각했다.

캐머런이 찾아간 사람 중에는 찰스 풀러(Charles Fuller)라는 사역자가 있었다. 찰스는 그 지역에서 유명한 성경 교사로 알려져 있었다. 그 역시 캐머런의 사역에 대해 관심을 가졌는데, 특히 인디언 목사들을 다양한 사역에 배치하기 위해 훈련한다는 사실에 감명 받았다. 그는 카크치켈 목사 2명을 후원하기로 약속했다. 캐머런은 뛸 듯이 기뻤다. 카크치켈 인디언을 복음화하려는 그의 꿈이 이제 눈앞에서 현실로 이루어지고 있는 것이다.

찰스 풀러를 만나고 나서 얼마 후, 어떤 사람이 캐머런에게 인쇄기 한 대를 헌납했다. 그러나 그 인쇄기를 어떻게 과테말라로 운송해야 할지 난감했다. 이때 헤임 여사로부터 편지 한 통이 날아왔다. 편지 안에는 3,000달러짜리 수표 한 장이 동봉되어 있었다. 캐머런은 그 수표를 그저 멍한 눈길로 보았다. 잠시 후 그의 눈에서는 감격의 눈물이 흘렀다. 이제 인쇄기를 배에 실어 안티과로 보낼 수 있을 뿐만 아니라, 다른 몇몇 물건도 마련할 수 있게 된 것이다.

캐머런과 엘비라는 고마운 마음을 간직한 채 미국을 떠나왔다. 그들이 샌안토니오의 오두막집으로 돌아온 시기는 1922년 2월이었다. 엘비라의 상태는 그리 나아지지 않았지만, 그렇다고 악화되지도 않았다. 캐머런으로서는 나름대로 최선을 다했고, 엘비라 자신이 과테말라로 가기를 원했기에 기쁜 마음으로 함께 돌아올 수 있었다.

캐머런이 없는 동안 로비 부부는 맡겨진 선교 사역들을 훌륭히 이끌어 갔다. 또한 로비가 인디언 목사들을 훈련하는 데에 특별한 자질이 있다는 사실을 발견한 캐머런은 그에게 모든 훈련 사역을 맡기기로 했다. 대신 캐머런은 성경 번역에 더 많은 시간과 노력을 쏟을 계획이었다.

하나님의 공급을 신뢰하는 믿음

캐머런의 계획을 듣던 헤임 여사는 여느 사람들처럼 매우 흥미로운 반응을 보였다. 헤임 여사는 한 가지 질문을 던졌다. "그런 일들을 할 만한 돈이 있는 건가? 자네는 정기 후원금도 별로 없지 않은가?"

캐머런도 재정 문제를 고려하지 않은 것은 아니었다. 하지만 그는 걱정하지 않았다. "하나님의 일을 하나님의 방법대로만 한다면, 모든 필요를 하나님께서 공급해 주실 것입니다." 확신에 찬 캐머런의 말에 헤임 여사도 고개를 끄덕이며 동의했다. 헤임 여사는 자신의 주일학교 학생이었던 캐머런이 제대로 배운 것만은 틀림없다고 생각했다. (104쪽)

선교사로 사역할 때 겪는 가장 큰 어려움은 아무래도 '재정' 문제일 것이다. 캐머런 또한 여러 가지 재정적 난관을 피해 갈 수는 없었다. 그러나 그 어떤 상황도 선교를 향한 캐머런의 열정을 막을 수는 없었다. 그렇다고 해서 그가 재정 문제를 해결하는 데 있어 회피하거나 뒷전으로 미뤄 둔 것은 아니었다. 다만 캐머런은 모든 상황의 주인이신 하나님을 믿고 의지했다. 그는 하나님의 일에 필요한 재정은 하나님께서 공급해 주시리라는 믿음을 가졌다. 이처럼 굳건한 신뢰는 어느 날 갑자기 생겨난 것이 아니었다. 어린 시절부터 하나님과 동행하며, 그분의 인도하심을 따라 성장한 덕분이었다. 캐머런의 신실한 믿음은 타인을 감동시키기에 충분했다.

> "아무것도 염려하지 말고 다만 모든 일에 기도와 간구로, 너희 구할 것을 감사함으로 하나님께 아뢰라"(빌 4:6).

Chapter 5

불가능은 없다

 모든 일은 순조롭게 이어졌다. 오두막집에 돌아온 지 4개월이 지나, 캐머런은 로비와 함께 카크치켈 성경 집회를 다시 갖기로 결정했다. 로비는 "마침 아내가 열흘 동안 집을 떠나 있으니, 아티틀란 호숫가에 있는 우리 집에서 집회에 대해 의논하자" 하고 제안했다. 캐머런도 모처럼 친구와 함께 시간을 보낼 기회가 생기니 무척 반가웠다.

 캐머런과 로비는 호수 남쪽에 있는 과타론이라는 곳에서 만났다. 두 사람은 천천히 호숫가를 거니는 중에 마주치는 사람들에게 전도지를 나눠 주기도 하고, 카크치켈어로 번역된 마가복음 소책자를 팔기도 했다.

두 사람이 로비의 집에 도착한 날짜는 1922년 6월 23일이었다. 그들이 현관으로 향하는 오솔길을 걷고 있을 때, 어깨에 자루를 멘 한 남자가 두 사람에게 다가왔다.

"오, 돈 로비! 지금 당신을 만나러 오는 길이에요. 여기 드릴 것이 있거든요. 신세진 것에 비하면 별것은 아니지만, 이것밖에는 드릴 것이 없네요." 남자는 어깨에 멘 자루를 내려놓았다. 신선한 커피 향이 캐머런의 코를 자극했다.

로비가 미소 지으며 말했다. "고맙습니다, 돈 페드로(don Pedro). 모든 일이 잘 되었으니 하나님께 감사해야지요."

페드로가 떠나고 나자, 로비는 캐머런에게 사연을 이야기해 주었다. 그동안 페드로의 아내가 심한 괴저(Guatalon, 혈액 공급이 안 되거나 세균 감염으로 커다란 덩어리의 조직이 죽는 병 – 편집자 주)로 고생하고 있었다고 한다. 마을에 들른 의사는 그 아내의 상태를 보고는 살아날 가망이 없다며 고개를 저었다. 이에 페드로는 죽음을 코앞에 둔 아내를 위해 장례 준비를 하고 관까지 마련했다.

그러나 로비는 페드로에게 "하나님이 아내를 낫게 하실 수 있다는 믿음으로 함께 기도합시다"라고 말했다. 그는 페드로의 집을 찾아가서 밤새도록 찬송가를 부르기도 하고 썩어가는 발을 따뜻한 물에 담가 주며 위로하기도 했다. 다음 날 아침이 되자, 괴저 증세가 나아지기 시작하더니 서서히 차도를 보이기 시작했다. 그리고 일주일 만에 병이 깨끗이 완치되었다.

이야기를 듣고 난 캐머런은 감탄 어린 목소리로 로비에게 말했다. "우리의 힘으로 가능한 일을 할 때, 하나님은 불가능한 일을 하시죠."

애도의 날

점심을 먹은 후, 로비는 함께 수영을 하자고 했다. 바람 한 점 없는 맑은 날이었기에 호수의 수면도 매우 잔잔했다. 두 사람은 시원하고 맑은 호수에 몸을 담근 채 수영을 하기 시작했다. 100m 정도 수영했을까? 그들은 몸을 젖히고 물 위에 가만히 떠 있었다. 캐머런은 누운 자세로 파란 하늘을 올려다보았다. 그렇게 휴식을 취하는 것도 실로 몇 달 만의 일이었다. 친구와 함께 오붓한 시간을 보내니 마냥 좋았다. 이제 성경 집회 계획도 차질 없이 진행될 것이었다.

캐머런은 로비가 얼마나 가까이 자신을 따라왔는지 보려고 뒤를 돌았다. 그때 믿을 수 없는 광경이 눈에 들어왔다.

100m 정도 뒤처져 있던 로비는 한가롭게 물에 떠 있는 것이 아니었다! 그는 양팔을 휘저으며 고개를 거세게 흔들어 대고 있었던 것이다. 캐머런은 언젠가 캘리포니아의 프레즈노에서 물에 빠져 죽음 직전까지 갔던 기억이 떠올랐다. 그는 최대한 속력을 내어 로비에게로 다가갔다. '제발 로비가 익사하지 않게 도와주십시오. 아직도 할 일이 너무 많습니다.' 캐머런은 힘껏 팔을 저어 앞으로 나아가면서 다급한 심정으로 기도했다.

캐머런은 얼른 로비의 머리를 팔로 껴안았다. 그러나 로비의 체중이 훨씬 무거웠기에 물속으로 몸이 가라앉았다. 로비와 함께 밑으로 가라앉는 동안, 캐머런은 물 위로 떠오르려고 안간힘을 썼다. 하지만 오히려 점점 더 깊이 내려갈 뿐이었다. 약 3m 정도를 내려갔을 때, 로비의 몸은 축 늘어지고 말았다. 캐머런은 그를 물 위로 끌고 올라갔다. 몇 번 숨을 내쉬자, 로비의 몸이 다시 물속으로 빠져들어갔다. 이번에는 도저히 그를 물 위로 끌어올릴 힘이 없음을 깨달았다. 이에 캐머런은 힘껏 수영을 해서 호숫가에 도달하여, 그곳 사람들에게 도움을 청하기로 했다.

어부 몇 명이 배를 띄워 로비가 빠져 있는 물 위로 노를 저어갔다. 맑은 호수 바닥에 가만히 누워 있는 로비의 모습이 눈에 들어왔다. 2명의 어부가 물속으로 뛰어들어 로비의 몸을 수면 위로 끌어올렸다. 캐머런은 로비의 몸을 배에 올리자마자, 자신의 입을 로비의 입에 대고서 인공호흡을 하기 시작했다. 배는 어느새 호숫가에 도착했지만, 캐머런은 인공호흡을 멈추지 않았다. 그토록 사력을 다해 인공호흡을 했지만 별다른 변화가 없었다.

결국 캐머런은 로비가 물에 빠진 것을 목격한 지 2시간이 지나서야 그를 살리려는 노력을 포기하고 말았다. 이제는 사실을 인정하는 수밖에 없었다. 옥시덴탈 대학 때부터 가장 절친했던 친구이자, 선교지의 동료였던 로비 로빈슨은 이제 영원히 세상을 떠난 것이다.

캐머런은 한없이 무거운 마음으로 로비의 아내 제네비브에게 전보를 쳐서 그 소식을 알렸다. 두 사람이 결혼한 지 채 3년도 되지 않은 시기였다. 로비의 죽음은 설명할 길이 없는 의외의 사고였다. 평소 로비는 수영을 잘했을 뿐만 아니라, 호수 역시 잔잔하지 않았던가!

사흘 후인 1922년 6월 27일 화요일 오전에 로비의 장례식이 거행되었다. 전날 밤 집에 도착한 제네비브는 물론이고, 모든 사람은 갑작스런 로비의 죽음에 할 말을 잊었다. 파나하첼 마을 읍장은 그날을 '애도의 날'로 선포했다. 로비의 장례식은 수많은 조문객이 참석한 가운데 그 마을의 가장 큰 건물인 학교에서 거행되었다.

공교롭게도 로비의 시신은 페드로가 아내를 위해 마련했던 바로 그 관에 안치되었다. 로비의 묘비에는 'W. E. 로빈슨, 복음의 사자'라는 묘비명이 새겨졌다. 친구의 무덤 옆에 선 캐머런의 마음에는 그 어느 때보다 애절한 외로움이 밀려들었다. '아, 내게 할 일은 너무도 많건만…. 나를 가장 신실하게 돕던 두 사람, 프란시스코 디아즈와 로비 로빈슨이 그렇듯 돌연히 이 세상을 등지고 말다니….'

사역의 함정

로비의 장례식이 거행된 지도 6개월이 지났다. 캐머런은 로비가 익사하던 날 그와 함께 의논하고 계획했던 성경 집회를 열었다. 친구를 떠나보낸 뒤의 외로움을 떨쳐 버리기가 쉽지는 않았지만, 캐머런은 한시도 생각을 멈출 수 없었다. 마침 캐머런의 남동생 폴 부부가 과테말라로 와서 그의 선교 사역을 돕게 되었다. 솜씨가 좋고 활동적인 폴은 도착하자마자 샌안토니오에 짓고 있는 선교회 건물들을 손수 감독하기 시작했다. 헤임 여사는 이번에도 1,000달러의 후한 헌금을 보내 주어, 건축자재를 사는 데에 큰 보탬이 됐다.

폴과 인디언 인부들은 기숙사까지 갖추어진 근사한 학교 건물을 지었다. 학교가 완공되자 인근 마을에 사는 백여 명의 인디언 어린이가 학교에 입학했고, 3명의 미국인 여선교사가 학교 사역을 맡게 되었다. 카크치켈어로 읽고 쓰는 법을 배우라며 부모들이 학교에 자녀를 보낸 것이다. 또한 진료소 건물도 지어졌다. 중앙아메리카 선교회에서는 간호사 한 사람을 파견하여 진료소 사역을 돌보게 했다. 캐머런이 로스앤젤레스에서 만났던 에인슬리 의사가 과테말라시티에 있는 장로교 병원에서 일하고 있었으므로, 위급한 환자가 있을 때 도움을 받기로 했다.

폴의 열정은 식을 줄을 몰랐다. 학교와 진료소 건물이 완공되고 나자, 이번에는 고아원 건축을 시작했다. 그리고 고아원이 완성될 때까지 고아들이 마을의 여러 그리스도인 가정에서 당분간 머물 수 있도록 주선했다. 캐머런과 엘비라도 2명의 고아를 맡아 돌봤다. 엘레나 트레호(Elena Trejo)라는 여자아이와 조 치콜(Joe Chicol)이라는 남자아이였다. 두 아이 모두 학구열이 대단했기에, 언젠가는 그 아이들이 카크치켈 인디언 사역을 이어받을 날이 오리라는 기대감이 생겼다.

캐머런에게는 한층 더 야심찬 계획이 있었다. 샌안토니오 마을을 하나의 본보기로 삼으려는 계획이었다. 외부로부터 약간의 도움만 받는다면 인디언이 얼마든지 자립할 수 있다는 사실을 보여 주고 싶었다. 기독교 잡지에 투고한 캐머런의 글을 읽은 세인트루이스의 한 커피 제조 회사의 경영자는 캐머런에게 커피 열매의 껍질을 벗기는 기계와 터빈이라는 원동기를 보내 주었다. 그러한 장비들을 사용하여 커피 열매의 껍질을 인디언이 직접 벗길 수 있게 되었으므로, 그들은 라디노의 장비를 빌려 일할 때보다 더 많은 이윤을 남기게 되었다.

그러한 기쁜 소식 외에도 캐머런을 더욱 신 나게 만든 일이 있었다. 바로 아처 앤더슨(Archer Anderson)의 도착이었다. 아처는 필라델피아 성경 대학을 졸업한 직후, 1923년 2월에 과테말라로 왔다. 그는 대학에 다니는 동안 중앙아메리카 선교지의 회보를 보았는데, 어느 날 죽은 로비에 대한 기사를 읽게 되었다. 그 일을 계기로 그는 과테말라에 와서 로비가 남긴 사역을 계속하기로 마음먹은 것이었다.

아처 앤더슨은 그야말로 '회오리' 같은 사람이었다. 카크치켈의 고유한 생활과 문화를 어찌나 빨리 배우고 익히는지 정말 놀랍기만 했다. 그는 도착한 지 6주 만에 로비가 성경학교로 사용하려고 구입했던 건물을 보수했다. 그 학교는 죽은 로비를 기념하여 '로빈슨 성경학교'(Robinson Bible Institute)라고 이름 지었다. 아처는 건물이 보수되자마자 학생들 모집에 나섰다. 이에 인근 마을에 사는 15명의 학생들이 학교에 입학하게 되었다.

캐머런 부부는 로비가 살던 옛집에 머물면서, 아처 앤더슨이 학생들을 가르칠 때 통역을 돕기로 했다. 그러나 통역마저도 오래 필요하지 않았다. 아처는 매우 빠른 속도로 카크치켈 언어를 배웠으며, 얼마 있어 유창하게 소통할 수 있게 되었다. 그래서 캐머런의 통역이 더는 필요치 않았다.

1923년 말에 접어들면서, 캐머런 타운센드와 동료 선교사들의 모든 사역이 순조롭게 돌아가고 있었다. 그러나 문제없이 진행되는 사역 가운데 엉뚱한 문제가 불거져 나왔다. 다른 선교사들이 캐머런의 카크치켈 인디언 사역을 트집 잡기 시작한 것이다. 인디언을 집에 초대하면 격식을 차리지 않는다고 비난하고, 인디언과 카크치켈 언어로 대화하면 스페인어를 가르치지 않고 죽은 언어인 카크치켈어를 사용한다고 못마땅한 반응을 보였다. 정식 신학교를 다니지도 않고서 성경학교를 운영한다고 비난하는 사람도 있었다. 또한 인디언을 라디노와 별개의 종족으로 구별하여 서로 간에 일종의 경쟁심을 조장한다는 비판도 있었다. 그런 식의 비난과 트집은 도무지 끊일 줄을 몰랐다.

보다 못한 중앙아메리카 선교회에서는 텍사스의 댈러스에서 일하고 있는 실무 책임자 루이스 체이퍼 박사(Lewis Chafer)를 과테말라에 보냈다. 캐머런의 사역과 사람들의 비난에 대해 자세히 알아보도록 하기 위해서였다. 체이퍼 박사가 도착했을 때 캐머런은 발목이 부러지는 사고를 당해 다리를 절고 있었다. 그럼에도 불구하고 캐머런은 폴의 자동차를 빌려서 14일 동안 직접 운전하고 다니며, 체이퍼 박사에게 인근의 인디언 마을들과 도시를 보여 주었다. 그 후에는 과테말라 시골의 울퉁불퉁한 비포장도로를 지나 엘살바도르를 다녀오기까지 했다.

그렇게 함께 다니는 동안 체이퍼 박사는 캐머런에게 선교 사역의 전반적인 견해를 꼬치꼬치 따져 물었다. 그가 무엇보다 의문을 가졌던 것은, 캐머런은 왜 다른 통상적인 선교 사역보다 번역 사역을 더 중요하게 생각하느냐는 점이었다. 결국 체이퍼 박사는 캐머런의 관점으로 선교를 이해하게 되었고, 인디언의 고유 언어로 성경을 번역하는 사역 또한 어느 것 못지않게 중요하다는 확신을 가졌다.

체이퍼 박사가 캐머런의 입장을 이해해 준 것은 다행스

러운 일이었지만, 과연 1925년 시카고에서 열리게 될 중앙아메리카 선교회 위원 모임에서, 7명의 다른 선교회 위원이 성경 번역에 대한 문제에 어떤 결정을 내릴지는 예측 불가했다. 캐머런은 괴로운 한숨을 내쉬었다. 시카고에 가서 7명의 선교회 위원을 만나 설득하는 것 외에는 다른 방법이 없어 보였다. 번역에 쏟아야 할 아까운 시간을 낭비하게 되더라도 어쩔 수 없었다.

드디어 마침표를 찍다!

1925년, 캐머런 부부는 캘리포니아를 방문한 뒤에 시카고로 갔다. 중앙아메리카 선교회 위원 모임은 무디교회에서 열렸다. 그곳은 엘비라가 다니던 교회이기도 했다. 캐머런은 오전 중에 선교 위원들을 만나 그들의 질문에 답변했다. 점심을 먹고 나서 캐머런은 스미스(Smith)와 함께 거리를 걸으며 이야기를 나누었다. 스미스는 중앙아메리카 선교회의 성경 번역 사역 추진을 거세게 반발하는 위원 중 한 사람이었다. 당시 캐머런은 위원들의 반응에 상당한 좌절감을 느끼고 있었다. 체이퍼 박사가 과테말라에서 목격한 캐머런의 사역에 대해 적극 지지하는 발언을 했지만, 스미스는 여전히 반대 견해를 굽히지 않았다.

캐머런은 스미스에게 과테말라에서 진행하고 있는 사역에 대해 더 자세히 설명하려 했으나, 그는 들을 생각조차 하지 않았다. 결국 실망과 좌절감으로 분노가 치민 캐머런은 "스미스 씨가 찬성하든 반대하든 상관없습니다! 어쨌든 저는 성경을 카크치켈어로 번역할 테니 그렇게 아십시오!"라고 거칠게 내뱉은 뒤, 몸을 돌려 혼자 모임 장소로 되돌아갔다.

그날 오후, 캐머런의 사역 허가 여부를 두고 투표가 실시되었다. 8명 중 6명은 찬성이었고, 스미스 씨를 포함한 2명은 캐머런이 성경 번역을 그만두고 관례적인 사역을 해야 한다고 주장했다. 6대 2라는 투표 결과는 상당히 만족스러운 승리였다. 캐머런은 '이제 번역 사역을 방해할 요소는 아무것도 없겠지'라고 생각하며 회심의 미소를 지었다.

빨리 과테말라로 돌아가 번역을 계속해야겠다고 생각하던 찰나, 캐머런은 폴 부부가 새로운 사역지로 옮긴다는 사실을 알게 되었다. 폴이 과테말라시티에 있는 장로교 산업대학에서 학생들을 가르치게 된 것이다. 남동생 폴이 은사와 재능을 살려 산업대학으로 가게 된 것은 기뻤지만, 그 덕에 캐머런은 그 어느 때보다 일손이 바빠지게 되었다.

시카고에서 과테말라로 돌아온 지 1년 후, 캐머런은 지난 1년 동안 자신이 성경을 번역한 날수를 세어 보았다. 모두 합해 봐야 겨우 12일 정도뿐이었다. 문득 자신이 스미스에게 큰소리쳤던 기억이 떠올랐다. 그는 스미스에게 무례하게 굴었을 뿐만 아니라, 투표에서 이겼음에도 불구하고 성경 번역을 거의 추진하지 못하고 있었다. 사실 정지 상태나 마찬가지인 셈이었다. 그는 문득 스미스에게 사죄해야겠다고 생각했다. 캐머런은 편지지를 꺼내 다음과 같이 적었다.

> 친애하는 스미스 씨,
>
> 제가 화낸 것을 용서해 주십시오.
>
> 주님께서 도와주시지 않는 한 카크치켈어 성경 번역을
>
> 제 힘으로는 결코 끝낼 수 없음을 깨닫게 되었습니다.

사과 편지를 보내고 나니 마음이 훨씬 가벼워졌다. 게다가 더욱 힘이 솟아나는 것 같았다. 시간에 쫓기던 캐머런이 언어 사역에 좀 더 집중하게 되면서, 1926년에는 49쪽에 이르는 카크치켈어 문법책이 완성되었다. 그는 자신이 쓴 문법책 원고를 시카고 대학의 사피어 박사에게 보내 평가

를 부탁했다. 사피어 박사의 답장은 매우 고무적이었다. 캐머런은 카크치켈 언어 구조를 제대로 이해한 사실뿐만 아니라, 사피어 박사 같은 저명한 언어학자가 칭찬의 글을 보내 준 사실에 힘이 났다. 이에 캐머런은 더욱 자신감을 갖게 되었다.

그는 열심히 신약성경 번역을 계속해 나갔다. 그러나 그가 맡고 있는 다른 사역들, 그리고 예기치 않은 일들이 끊임없는 걸림돌이 되었다. 커피 탈곡기를 운행하기 위해서는 강에서 물을 길어 날라야 하기 때문에 수로를 파는 일도 해야 했고, 갑자기 어느 추장이 병에 걸리는 바람에 과테말라시티에 있는 병원으로 데리고 가야 할 상황도 생겼다. 또한 목회자 훈련도 게을리할 수 없었다.

1928년 봄, 신약성경 번역이 거의 마무리 단계에 접어들었다. 그러나 마지막 손질에 필요한 시간을 내기가 하늘의 별 따기 만큼이나 어려웠다. 어쩔 수 없이 대책을 세워야만 했다. 캐머런은 아무런 방해 없이 성경 번역을 끝내기 위해, 엘비라와 함께 과테말라를 떠나 캘리포니아의 부모님 집에 당분간 머물기로 했다. 카크치켈 인디언 두 사람이 캐머런 부부와 동행해 주었다. 양자로 삼은 조 치콜과 현지인 전도사 트리니다드 박(Trinidad Bac)이라는 인디언이었다.

그의 계획은 성공적이었다. 이제 사사로이 신경 쓸 일이 없어진 것이다. 이에 캐머런과 인디언 조력자들은 신약성경 번역을 마무리하고 교정까지 끝낼 수 있었다.

1928년 10월 15일은 막중하고도 뜻 깊은 사역이 비로소 완료된 날이었다. 기념회나 자축회 형식의 예배를 즐겨 하던 캐머런은 성경 번역 원고를 인쇄소에 넘기기 전에 친구와 친척들을 초대하여 감사 예배를 드렸다. 예배 중에 그는 부모님을 사람들 앞으로 불러 요한계시록의 마지막 두 단어를 적어 넣도록 했다. 그리고 카크치켈어 신약 성경이 완성되기까지 지난 10년 동안 후원과 조언을 아끼지 않은 모든 이에게 감사했다. 또한 이미 번역된 소책자 신약성경 몇 장이 샌안토니오에 거주하는 수많은 카크치켈 인디언의 삶을 얼마나 놀랍게 변화시켰는지를 전하며, "하나님이 우리 말을 하신다"고 외치던 한 인디언의 모습을 이야기했다. 참으로 가슴 벅찬 순간이었다.

잃은 양을 향한 마음

캐머런은 신약성경 원고를 종이에 싸서 끈으로 묶은 뒤, 뉴욕에 있는 미국성서공회 앞으로 부쳤다. 원고를 받은 미국

성서공회에서는 활자를 짜고 조판 인쇄를 한 뒤, 그것을 다시 캐머런에게 보내어 정확하게 조판이 되었는지 교정을 보게 할 것이다. 조판 작업은 6개월이면 끝날 예정이었다.

교정할 조판이 올 때까지 가만히 앉아서 놀고 있을 캐머런이 아니었다. 그의 머릿속에는 10명의 선교사를 분주하게 만들고도 남을 만한 사역 계획들이 분수처럼 솟아났다. 그중에서도 한 가지 계획이 특히 그의 마음을 사로잡았다. 과테말라에서 수년 동안 사역했을 때, 그는 중앙과 남부 아메리카에 사는 무수한 다른 인디언 종족에게도 복음을 전해야겠다고 생각했었다. 신약성경을 카크치켈어로 번역하는 일을 마쳤으니, 이제부터는 다른 종족에게로 들어가 선교를 계속하고 싶었다.

대부분 인디언 종족은 카크치켈 인디언처럼 버스나 기차 등의 교통수단을 이용하여 쉽게 접근할 수 있는 지역에 살고 있었다. 지도에도 표시되어 있고, 정보도 알 수 있는 그런 지역들이었다. 그러나 어떤 종족들은 그렇게 알려진 지역이 아닌 오지에 살았다. 최근에 알게 된 바로는 아마존 분지의 약 402만km에 달하는 드넓은 지역이 제대로 조사되지도 않았고, 정확한 지도마저 없는 실정이라고 했다. 그 지역에 과연 몇 개의 종족이 사는지도 알 수 없는 형편인데, 대강 추측하기로는 아마존 정글 지대에 사는 종족들의 언어만 해도 약 500개가 넘을 것이라고 했다.

이러한 부족들을 복음화하는 데 있어 가장 큰 장애물은 그들이 사는 지역을 오가는 시간이 많이 걸린다는 점이었다. 실제로 아마존 분지에서 일하는 선교사들이 보고한 바에 따르면, 단 15km의 정글을 헤치고 나가는 데 일주일이 걸린다고 했다. 그런 속도라면 아마존 정글에 거주하는 수백 개 종족을 선교사들이 걸어서 찾아가기란 거의 불가능한 일이었다.

사람들은 불가능하다고 할지도 모르지만, 캐머런에게는 단지 극복해야 할 장애일 뿐이었다. 분명 그들에게 효과적으로 다가갈 방법이 있을 것이다. 캐머런은 그 방법을 찾아내고 싶었다. 그 문제를 곰곰이 생각하면 할수록 해결책은 단 하나뿐이었다. 바로 '비행기'를 이용하는 것이다! 만약 선교사들이 비행기를 타고 고립된 지역에 드나들 수 있다면, 아마존 인디언을 복음화하는 일은 훨씬 빠르게 이루어질 것이다.

캐머런은 다르그(Dargue) 소령 앞으로 편지를 보냈다. 다르그 소령은 과테말라에서 만난 미 해군 조종사였다. 캐머런은 아마존 분지를 비행기로 오가는 데 어떤 장비와 시설들이 필요한지 물었다. 소령이 보내온 답신은 매우 상세했다. 선교사들이 비행기로 아마존 지역을 오가려면 최소한 세 대의 수륙양용(해상과 육상 모두 사용 가능한 것 - 편집자 주) 비행기가 필요하고, 조종사, 정비사, 항공 통신사, 비행기 보관과 정비를 위한 격납고, 연료 탱크, 예비 부품들, 보험이 필요하다고 했다. 이 모든 것을 합치면 경비와 운영에 들어가는 비용이 1년에 4만 5천 달러는 될 것이라 했다.

캐머런은 흥분으로 가슴이 벅차올랐다. 그 액수가 엄청나기는 했지만, 분명 미국의 그리스도인들은 선교사들이 외딴 지역을 빠르고 안전하게 이동해야 할 필요를 이해할 것이다. 캐머런의 생각처럼 후원금 확보는 그리 어렵지 않을 수도 있었다. 그러나 한 가지 중대한 문제가 일어났다. '암흑의 화요일'이라고 불리는 1929년 10월 29일에 뉴욕의 주식시장이 폭락하여, 1930년대 세계 대공황의 서막을 올리게 된 것이다. 이로써 제1차 세계대전에 이은 번영에 제동이 걸리고 말았다.

수많은 사람이 직업을 잃었으며, 혹여 직업을 잃지 않았다 해도 급여가 대폭 삭감되었다. 이처럼 모든 미국인이 공황에 따른 영향을 받았다. 당연히 각 교회도 공황의 영향권에 들어갔다. 헌금이 줄어든 터라 선교사들에게 보내는 후원금도 기대할 수 없었다. 심지어 후원하는 교단과 선교회에서 선교사들을 고국으로 소환하기도 했다. 캐머런은 무거운 한숨을 내쉬었다. 항공 선교를 위해 후원금을 늘려 달라고 요청하려던 참이었건만, 대부분의 그리스도인은 기본 생계마저 위협받고 있지 않은가!

어느 날, 캐머런이 평소 매우 존경하던 선교사가 찾아왔다. 캐머런은 "이제 저는 카크치켈 인디언 사역을 중단하고 아마존에 사는 새로운 부족들을 위해 번역 사역을 할 생각입니다"라고 말했다. 그러자 그 선교사는 펄쩍 뛰며 말했다. "아니, 자네는 이제 막 그들에게 복음을 전한 것이 아닌가? 그건 마치 갓 태어난 아기를 버리고 떠나는 것이나 똑같다네. 카크치켈 인디언에게 성경 한 권만 덜렁 남겨 놓고 자네는 떠나 버린다니, 그들이 어떻게 생각하겠나?"

"……"

캐머런의 묵묵부답한 태도에 선교사가 다시 말을 이었다. "자네가 어느 종족에게 들어가 선교를 시작하게 되면, 자네는 그들의 영적 아비나 다름없는 것이네. 만약 지금 다른 선교사가 카크치켈 사람들에게 가서, 자네가 아는 만큼의 지식과 경험을 쌓으려면 얼마나 걸릴지 생각해 보게. 새로운 종족에게 가서 지금까지 배운 것들을 허비하지 말고,

하나님이 보낸 곳에서 계속 일하게."

선교사가 떠난 후, 캐머런은 엘비라에게 저녁을 먹지 않겠다고 말한 뒤 침실로 들어가 문을 닫았다. 모든 것이 혼란스럽기만 했다. '나는 도대체 무엇을 하려는 것일까? 지금 미국인들은 끼니 걱정을 하고 있는데, 남아메리카의 다른 인디언 부족들을 복음화하기 위해 비행기를 살 재정을 뒷받침해 달라고 부탁한단 말인가?'

어쩌면 그 선교사의 충고가 옳은지도 몰랐다. 그저 카크치켈 인디언 사이에서 선교를 계속하는 것이 현명한 일인지도 모른다. 이제 학교 사역도 커지고, 진료소는 매일 환자들로 붐비고 있다. 게다가 많은 인디언이 주님을 영접하지 않았는가! 그러나 아무리 생각해 보아도 그것만이 전부는 아닌 것 같았다. 골똘히 생각하면 할수록 오히려 더 혼란스럽기만 했다.

결국 캐머런은 혼동과 갈등을 벗어나려는 필사적인 방법으로 평생 해보지 않았던 일을 시도했다. 캐머런은 하나님께 기도한 뒤, 성경 말씀을 통해 무엇을 어떻게 해야 할지 가르쳐 달라고 구했다. 그는 무작정 성경을 펼친 후에, 눈을 감은 채 손가락으로 한군데를 짚었다. 눈을 뜨고 자신이 손가락으로 짚은 구절을 확인하니, 그것은 누가복음 15장

4절 말씀이었다. "너희 중에 어떤 사람이 양 백 마리가 있는데 그중의 하나를 잃으면 아흔아홉 마리를 들에 두고 그 잃은 것을 찾아내기까지 찾아다니지 아니하겠느냐."

캐머런은 한동안 그 구절을 뚫어져라 바라보면서 생각에 잠겼다. '백 마리의 양, 그중의 아흔아홉 마리는 들의 안전한 곳에 있는데 한 마리가 길을 잃었다. 하지만 목자는 아흔아홉 마리와 함께 안전한 들에 머물지 않았다. 안정된 자리를 떠나서 단 한 마리의 양을 찾으러 떠났다.' 과연 이 구절이 자신에게 무엇을 의미하는지 자문해 보았다.

이 구절이 자신에게 의미하는 바는 카크치켈 인디언에게 그들의 언어로 번역된 신약성경을 주고, 아직 복음을 듣지 못한 다른 부족들에게 가라는 것인가? 다른 부족에게 가서 그들의 언어로 된 성경과 복음을 전한 후에는 또다시 다른 부족에게, 그 후에 또다시 다른 부족에게 가는 것을 의미하는가? 그 구절이 캐머런에게는 그런 뜻으로 해석되었다. 그러나 조금 더 생각하면서 확인해 볼 필요가 있었다.

항공 사역을 품다

누가복음 15장 4절 말씀을 깊이 묵상하면 할수록 캐머런에게는 점차 뚜렷한 확신이 들었다. 복음을 듣지 못한 새로운 부족을 찾아가려는 계획을 하나님도 찬성하신다는 확신이었다. 캐머런은 카크치켈 신약성경 교정을 마치고 난 뒤에 곧 엘비라와 함께 다른 부족을 대상으로 선교해야겠다고 결정했다. 한편으로는 항공 사역에 대한 계획도 추진해야겠다는 생각이 들었다.

어느 날 캐머런은 린 반 시클(Lynn Van Sickle)이라는 사람을 만나게 되었다. 그는 비행기 조종을 어느 정도 할 줄 아는 사람이었다. 그는 비행기를 통해 선교사들이 좀 더 효과적으로 사역하도록 돕는 일에 관심을 보였다. 캐머런은 무디 성경 대학(Moody Bible Institute)을 갓 졸업한 린 반 시클에게 중앙아메리카 선교회에 소속되어 일하라고 권유했다. 또한 캐머런은 린에게 언젠가는 중앙아메리카 선교회 내에 항공 선교부가 따로 조직될지도 모른다고 말했다.

드디어 카크치켈 신약성경 교정 자료가 도착했다. 트리니다드 박과 조 치콜은 샌안토니오로 돌아간 후였다. 캐머런은 모든 글자와 단어 하나하나를 살피며, 몇 주에 걸쳐 교정을 보았다. 단 한 개의 글자라도 실수를 범하게 되면 궁극적인 의미를 완전히 왜곡할 수 있으므로 가능한 정확하게 바로잡고자 노력했다. 11월에 모든 교정을 마친 캐머런은 원고를 뉴욕에 보내 인쇄와 제본을 진행하도록 했다.

이제 그는 과테말라로 돌아가야 했다. 돌아가는 길에 그는 텍사스 주의 댈러스에 들러, 중앙아메리카 선교회 본부에 가서 위원들을 만나기로 했다. 캐머런과 엘비라는 레너드 렉터스가 준 휘핏 자동차를 몰고 댈러스로 갔다. 캐머런의 조카 론 화이트(Ron White)도 동행했다. 캐머런은 카크치켈 인디언에게 문자를 보급하고 가르치기 위한 사역을 시작할 예정이었다. 론은 외삼촌의 일을 거들고 싶어 했다.

캐머런은 선교회 위원들에게 항공 사역에 대한 계획을 이야기할 참이었기에, 댈러스에 도착하여 린 반 시클과 함께 위원들을 만났다. 그러나 예상했던 대로 위원들의 거센 반대에 부딪히고 말았다. 중앙아메리카 선교회 위원들은 캐머런이 제시하는 항공 사역의 예산금을 보더니 기겁하며 놀랐다. 그들은 "온 나라가 불황의 늪 한가운데 놓여 있는데 대체 무슨 소리를 하는 거요?" 하며 따졌다. 더구나 중앙아메리카 선교회에서 목표로 삼는 지역은 중앙아메리카일 뿐, 캐머런이 말하는 남아메리카의 아마존 분지는 선교 대상이 아니었다.

캐머런은 끈기 있게 선교회 위원들을 설득했다. 그리하여 항공 사역의 가능성을 고려하기로 매듭짓게 되었다. 단,

한 가지 조건이 전제되어 있었다. 그것은 비행기를 구입하고 유지하는 데 들어가는 모든 비용을 캐머런이 직접 책임지고 마련한다는 조건이었다. 캐머런은 조금도 위축되지 않고 자신의 계획을 추진해 나갔다. 그는 댈러스 지역의 라디오 기독교 방송국에서 일하는 사람 중, 프로그램 진행자 한 사람을 알고 있었다. 캐머런은 자신이 그 프로그램에 출연하여 항공 사역의 필요성을 이야기해도 되는지 물어 보았다. 이윽고 허락을 받아 낸 캐머런은 수많은 그리스도인에게 방송 전파를 활용하여 선교의 필요를 알릴 수 있다는 사실에 흥분을 감추지 못했다.

캐머런은 항공기의 필요성을 최선을 다해 설명했다. 그러면서 최근 발생한 끔찍한 사건 한 가지를 예로 들었다. 2명의 선교사와 그들의 갓난아기, 그리고 3명의 인디언 안내자가 어느 잔혹한 부족의 손에 무참히 살해당한 사건이었다. 캐머런은 그 이야기를 거론하면서, 선교사들이 외딴 지역에서 빨리 이동해야 하는 이유를 사람들이 납득하게 되리라고 믿었다. 마지막으로 캐머런은 모든 청취자에게 항공 사역을 위한 후원을 요청하는 말을 전했다.

그 방송 이후, 캐머런은 며칠 동안 기대에 부푼 채 사람들의 반응이 나타나기를 기다렸다. 그러던 어느 날 편지 한

통이 도착했다. 봉투를 열어 보니 1달러짜리 지폐 한 장이 나왔다. 캐머런은 약간 낙심되기는 했지만, 희망만큼은 버리지 말자고 다짐했다.

카크치켈 인디언에게 찾아온 하나님의 말씀

캐머런 부부는 론 화이트와 린 반 시클과 함께 휘핏을 타고 과테말라로 향했다. 갖은 우여곡절을 겪으며 멕시코를 지난 그들은 성탄절을 이틀 앞둔 1930년에 과테말라시티에 도착했다. 그해의 성탄절은 폴 부부 집에서 보냈다. 그 후 그들은 다시 샌안토니오로 차를 몰았다. 론 화이트만이 캐머런 부부와 함께 떠났고, 린 반 시클은 중앙아메리카 선교회의 훈련을 받기 위해 과테말라시티에 남았다.

샌안토니오에 사는 인디언은 돌아온 캐머런 부부를 보고 매우 기뻐했다. 그동안 다른 선교사들과 서툰 스페인어로 의사소통해야 했던 카크치켈 교회 전도사들은 캐머런과 직접 카크치켈어로 이야기할 수 있으니 특히 더 좋아했다. 캐머런의 양녀인 엘레나 트레호 또한 양아버지의 귀국을 환영했다. 엘레나는 머리가 어찌나 영리한지, 학교에서 선생님이 가르쳐 준 내용들을 하나도 놓치지 않았다. 캐머런이 보기에는 엘레나의 교육열이나 재능이 초등학교만 졸업하고 학업을 접기에 몹시 아까웠다. 어떻게 해야 할지 고민하던 캐머런은 고국에 있는 부모님께 편지를 썼다. 엘레나가 미국에서 고등교육을 받기까지 돌봐 줄 수 있는지 묻기 위해서였다. 캐머런의 부모는 엘레나가 학교에 다니는 동안 돌보아 줄 수 있다는 내용의 답장을 즉시 보내왔다.

캐머런은 여전히 카크치켈 인디언을 대상으로 사역을 계속해 나갔다. 그는 조카 론의 도움을 받아 카크치켈 인디언에게 카크치켈 문자를 가르치는 대대적인 교육 사역을 실시했다. 한편으로는 카크치켈어 신약성경이 과테말라시티에 도착했다는 소식이 오기를 손꼽아 기다렸으나, 이상하게도 아무런 소식이 없었다.

1931년 5월 초, 캐머런과 트리니다드는 휘핏 자동차를 몰고 산을 넘어 과테말라시티로 갔다. 도대체 무슨 일이 있기에 신약성경의 도착이 늦어지는지 알아보러 간 것이다. 중앙 우체국 직원은 캐머런 앞으로 소포가 온 일이 없다며 장담했다. 캐머런은 그래도 미심쩍은 생각이 들어 자신이 직접 안에 들어가 찾아보고 싶다고 말했다. 직원은 어깨를 으쓱하더니 이내 허락해 주었다.

캐머런이 예상한 대로 선반 한구석에는 소포 하나가 처

박혀 있었다. 과연 소포 안에는 카크치켈어 신약성경 18권이 들어 있었다. 그는 우체국 한가운데에 서서 신약성경을 번역하게 하시고, 성경을 통해 놀라운 역사를 이루실 하나님께 감사 기도를 드렸다. 한시바삐 인디언에게 성경을 보여 주고 싶었지만, 먼저 해결해야 할 일이 한 가지 있었다.

1931년 5월 19일, 캐머런 타운센드는 과테말라의 대통령 집무실 앞에 서 있었다. 캐머런과 함께 서 있는 두 사람은 트리니다드 박과 성서공회에서 일하는 그레고리(Gregory)였다. 정확히 오후 4시 30분이 되자, 우비코(Ubico) 대통령의 비서관이 문을 열고 나와 세 사람을 집무실 안으로 인도했다. 우비코 대통령은 그들과 악수를 나누며 따뜻한 환영의 인사를 건넸다. 트리니다드 박은 대통령에게 카크치켈어 신약성경 한 권을 선사했다.

세 사람은 돌아가면서 소감을 한마디씩 이야기했다. 우비코 대통령은 카크치켈어를 문자화하고 신약성경까지 번역한 사실에 대해 감사와 축하의 말을 전했다. 그러고 나서 캐머런을 향해 "이제 다른 인디언 부족의 언어로도 신약을 번역해 주십시오"라고 부탁했다. 대통령은 신약성경을 손에 들고 있는 모습을 사진으로 찍겠다는 제의에도 기꺼이 응했다. 그는 사진 찍기를 달가워하지 않는 사람으로 유명한 대통령이었다. 다음 날 아침, 과테말라의 주요 일간지 1면은 우비코 대통령이 카크치켈어 신약성경을 들고 있는 사진으로 장식됐다.

캐머런은 공식적인 절차와 행사를 마친 뒤, 신약성경을 들고 카크치켈 인디언에게 돌아왔다. 소문을 듣고 순식간에 모여든 사람들이 신약성경을 보고 박수 치며 환호했다. 카크치켈어를 읽을 줄 아는 현지인 전도사 몇 명이 성경의 일부분을 소리 내어 읽어 주었다. 인디언은 5월 20일을 자신들만의 특별한 날로 제정했다. 이로써 그날은 카크치켈어로 하나님의 말씀을 전해 받은 기념일이 되었다.

인생의 기로에 서서

다음 날 캐머런은 노새를 타고 다니며 11일 동안의 긴 여정을 시작했다. 카크치켈 인디언 영역들을 돌아다니면서 사람들에게 마지막으로 문자 교육의 기회를 주기 위함이었다. 파나하첼에 이르렀을 때, 캐머런 부부가 로비 로빈슨이 살던 집에 머무르는 동안 한 번도 본 적 없었던 한 낯선 사람을 만나게 되었다. 알고 보니 그는 멕시코 사람으로서, 인디언 교육 분야에서 유명한 전문가로 알려진 모이세스 사엔스 박사(Moisés Sáenz)였다. 그의 남동생 아론(Aarón)은 멕시코에서 상당히 높은 지위에 있는 고관이기도 했다.

"과테말라의 외딴 지역에서 무엇을 하고 계신가요?" 캐머런의 질문에 사엔스 박사는 중앙아메리카 시골 지역의 인디언 교육이 어떤 문제점을 갖고 있는지 조사 중이라고 했다. 그의 목적은 멕시코 인디언이 더 나은 교육을 받을 수 있도록 해결책을 모색하는 것이었다. 캐머런은 회심의 미소를 지었다. 사엔스 박사가 제대로 찾아온 것이다!

캐머런은 그날 하루 종일 박사를 모시고 로빈슨 학교를 안내하며 설명해 주었다. 53명의 인디언 학생이 열심히 공부하고 있는 모습을 볼 때에는 사엔스 박사의 눈이 휘둥그레졌다. 그는 "어떻게 이 많은 인디언에게 공부에 대한 동기를 부여했습니까?"라고 물었다. 바로 캐머런이 기다리던 질문이었다.

"먼저 그들만의 고유 언어로 가르침을 받은 후에 스페인어를 배우게 된 인디언은 자신의 민족성과 전통에 자부심을 갖게 되지요. 또한 성경 말씀을 자신들의 언어로 읽으면, 그동안 그들을 무지와 가난으로 옭아맨 미신에서도 벗어나게 됩니다. 궁극적으로 과테말라 국민으로서의 긍지와 도의심을 갖는 것이지요. 그러면 인디언의 의식과 생활을 접목할 수 있게 됩니다."

사엔스 박사는 사진을 여러 장 찍으며, 캐머런이 말하는 것을 하나도 놓치지 않고 모두 노트에 적었다. 사엔스 박사는 떠나기에 앞서 캐머런의 사역을 칭찬했다. 또한 멕시코에 와서 그곳 인디언을 위해서도 일해 달라고 부탁했다.

멕시코에 돌아간 사엔스 박사는 캐머런에게 멕시코에서 일해 달라는 내용의 정식 초대장을 발송했다. 그 주간에 받은 세 통의 편지 중에 유일하게 좋은 소식을 담고 있는 편지였다. 두 번째 편지는 캐머런의 어머니가 암에 걸려 위독한 상태라는 누나의 편지였으며, 세 번째 편지는 중앙아메리카 선교회의 선교 위원들로부터 온 것이었다.

세 번째 편지 내용은 캐머런 부부가 유일하게 카크치켈어를 잘하는 선교사이므로, 계속 과테말라에 남아 카크치켈 인디언을 대상으로 사역하라는 것이었다. 카크치켈어 성경을 번역하기 위해 그동안 엄청난 시간과 비용을 들였으니, 그에 버금가는 열매를 맺는 것은 캐머런 부부의 재량이라는 주장이었다. 다만 캐머런이 '미복음화된 지역에 가끔씩 들어가 상황을 파악하는 것'은 허락한다고 덧붙였다.

처음에 캐머런은 그 편지를 보고 매우 낙담했다. '캐머런과 아처 앤더슨이 수년에 걸쳐 카크치켈 목사들을 가르치고 훈련하지 않았는가? 왜 중앙아메리카 선교회에서는 현지인 목사들이 외국인 선교사들보다 인디언 전도에 효과적이지 않다고 단정한단 말인가?'

어떤 식으로 답장을 보내야 할지 고민할 사이도 없이 느닷없는 결정이 이루어졌다. 종종 가슴 통증을 느끼며 기침을 하던 캐머런은 에인슬리 의사를 만나 진찰을 받았다. 진단 결과는 결핵이었다. 그 당시에 결핵은 생명을 위협하는 위험한 질병이었다. 에인슬리 박사는 "어서 빨리 날씨가 온화한 캘리포니아로 가십시오. 거기서 충분한 휴식을 취하는 것만이 유일한 방책입니다"라고 충고했다. 하지만 그렇다고 생존이 완전히 보장되는 것은 아니라고 했다.

캐머런 부부는 재빨리 캘리포니아로 돌아갔다. 캐머런의 어머니는 이미 세상을 떠난 후였다. 이에 두 사람은 캐머런의 누나인 룰라의 집에 가서 머물렀다. 그러한 상황에서 고국에 온 캐머런이 유일하게 기뻐할 만한 일은 양녀인 엘레나를 다시 보게 되었다는 점이었다. 엘레나는 캐머런의 아버지와 누나들이 사는 집에 머물면서 고등학교를 다니며 우수한 성적으로 공부하고 있었다.

룰라의 집에 머무는 동안, 엘비라 역시 계속 의료 검진을 받으러 다녔다. 사람들은 육체적으로 매우 쇠약하고 늘

피곤에 시달리는 엘비라를 보며, 캐머런을 내조하느라 몹시 무리한 탓일 거라고 추측했다. 그러나 엘비라의 진단 결과가 나오자 모두 놀라지 않을 수 없었다. 엘비라는 불치의 심장병에 걸려 생명이 위독한 상태였다. 의사는 "전적으로 누워서 쉬어야 합니다. 화장실을 다녀오는 것 외에는 절대 일어나지도 마십시오"라고 지시했다.

엘비라의 진단 결과를 들은 캐머런은 산타아나의 누이 집 현관에 앉아 '도대체 왜 이런 일이 일어나는 걸까' 하고 생각했다. 중앙아메리카와 남아메리카에 있는 모든 인디언 부족에게 그들의 고유 언어로 된 성경을 주고 복음을 전하겠다는 원대한 꿈을 가졌건만, 그 꿈을 이루는 것은 만무했다. 오히려 자신은 결핵으로, 아내는 불치의 심장병에 걸려 있을 뿐이었다. '캘리포니아의 비좁은 누이 집에서 속절없이 시간을 흘려보내야 하다니!' 미래를 향해 한 가닥 희망도 품을 수 없는 참으로 암울한 순간이었다.

피어나는 희망

룰라는 앓아누운 남동생과 올케를 지성껏 간호했다. 농장에서 생산된 싱싱한 야채로 식사를 준비하고, 젖소에서 갓

짠 우유를 충분히 마시게 했다. 이에 캐머런과 엘비라의 건강 상태는 서서히 호전되어 갔다. 그럴수록 캐머런의 가슴에는 새로운 희망이 부풀어 올랐다. 그는 머릿속에서 여러 가지 계획을 세워 보고, 가능성을 타진하기 시작했다.

캐머런은 편지로 많은 사람과 연락을 주고받았다. 그중에는 최근에 한 대학교수와 결혼한 레너드 렉터스도 있었다. 레너드는 문자가 없는 인디언 부족들에 대한 온갖 정보를 모아 캐머런에게 보내 주었다. 레너드가 수집한 정보에 따르면 이 세상에 문자가 없는 종족은 천 개가 넘었다. 그런데 그중에서 절반에 해당하는 종족이 멕시코에 살고 있다고 했다.

캐머런의 머릿속은 점차 바빠지기 시작했다. 그렇게 많은 종족의 문자를 혼자 만들 수는 없는 노릇이었다. 카크치켈어로 신약을 번역하는 데만 해도 10년이라는 세월이 걸리지 않았는가! 비행기를 이용하는 것이 하나의 해결책임을 확신했지만, 그보다 더 중요한 열쇠는 '일꾼'이었다. 번역 사역을 위해 수천 명의 선교사가 훈련을 받아야만 했다.

미국에서 언어학 과정을 공부할 수 있는 두 군데 대학은 모두 4년 과정이었다. 더구나 그곳에서는 언어를 문자화하는 영역을 다루지 않았다. 그 문제를 생각할 때 해결책은 단 하나였다. 캐머런 스스로 일종의 '언어학 학교'를 시작하여, 선교사들을 훈련하고 필요한 지역에 파송하는 것이다. 레너드에게 편지를 보내 그런 생각들을 알리자, 그로부터 긍정적인 답장이 왔다. 레너드는 멕시코에서 그런 학교를 여는 것이 어떠냐고 제의했다. 멕시코는 미국과도 가깝고 문자가 없는 종족도 많으니, 학교에서 배운 언어학 지식을 곧장 사용할 기회가 충분할 것이다.

캐머런도 그의 제안이 마음에 들었다. 선교사는 환영받지 못해도 언어학자라고 하면 사람들이 거부감 없이 환영하는 경우를 본 적이 있었다. 만약 이 세상의 모든 종족이 자신의 언어로 된 성경을 갖게 되면 어떤 일이 일어날지 상상하니 가슴이 뛰었다.

1933년 여름이 되면서 캐머런의 건강이 많이 좋아졌다. 이에 캐머런은 본격적인 행동 개시에 들어갔다. 멕시코에서 단기 학교를 열어 언어학을 가르치고, 주변의 인디언 마을에 보내 각기 다른 현지어를 배우게 하려는 계획이었다.

단기 학교 이름은 '위클리프 성경 번역회'로 생각해 두었다. 라틴어 성경을 영어로 번역하여 농민과 노동자들도 성경을 읽고 이해하도록 헌신했던 존 위클리프(John Wycliffe)의 이름을 따서 지은 것이었다. 캐머런은 존 위클리프의 전기를 읽는 동안, 성경으로 번역된 언어 중에 영어가 서른세 번째 언어라는 사실을 알고 매우 놀랐다. 만약 존 위클리프의 열정이 없었다면, 영어권 국가의 사람들이 영어로 된 성경을 갖지 못했을 것 아닌가? 성경이 없는 삶은 상상조차 하기 싫었다.

단기 학교의 이름까지 정했지만 한 가지 문제가 있었다. 멕시코 정부에서 모든 종교 활동을 엄격하게 규제하고 있었던 것이다. 15년 전에 일어났던 멕시코 혁명의 주요 목표 중 하나는 천주교회의 막강한 권력에서 벗어나는 것이었다. 그 결과 모든 천주교 학교들이 정부의 통제 아래 들어갔고, 천주교 소유의 재산들도 정부의 수중에 넘어갔다. 개신교 선교사들 역시 엄중한 감시를 받았다. 그리고 멕시코에 들어오는 선교사들에게는 체류 비자를 일절 발행해 주지 않았다. 캐머런이 계획하는 학교를 세우기에 멕시코는 철옹성이나 다름없는 곳이었다.

한계를 뛰어넘는 용기

이러한 부족들을 복음화하는 데 있어 가장 큰 장애물은 그들이 사는 지역을 오가는 시간이 많이 걸린다는 점이었다. 실제로 아마존 분지에서 일하는 선교사들이 보고한 바에 따르면, 단 15km의 정글을 헤치고 나가는 데 일주일이 걸린다고 했다. 그런 속도라면 아마존 정글에 거주하는 수백 개 종족을 선교사들이 걸어서 찾아가기란 거의 불가능한 일이었다.

사람들은 불가능하다고 할지도 모르지만, 캐머런에게는 단지 극복해야 할 장애일 뿐이었다. 분명 그들에게 효과적으로 다가갈 방법이 있을 것이다. 캐머런은 그 방법을 찾아내고 싶었다. 그 문제를 곰곰이 생각하면 할수록 해결책은 단 하나뿐이었다. 바로 '비행기'를 이용하는 것이다! 만약 선교사들이 비행기를 타고 고립된 지역에 드나들 수 있다면, 아마존 인디언을 복음화하는 일은 훨씬 빠르게 이루어질 것이다. (123쪽)

당시에는 교통이 발달되지 않았기에 선교에 수많은 제약이 따랐다. 따라서 깊은 정글에 거주하는 인디언 부족을 찾아가 복음을 전하는 일에는 엄청난 시간과 노력이 필요했다. 이러한 한계 앞에서도 캐머런은 결코 주춤하지 않았다. 모두 '불가능하다'고 말할지라도, 한계를 뛰어넘어 역사하실 하나님을 기대했다. 그러나 무작정 기대하는 마음만으로 무기력하게 멈춰 있지 않았다. 그는 하나님의 지혜를 구하며 끊임없이 방법을 모색해 나갔던 것이다.

> "예수께서 이르시되 할 수 있거든이 무슨 말이냐 믿는 자에게는 능히 하지 못할 일이 없느니라"(막 9:23).

Chapter 6

위클리프 캠프

산타아나에 머무르고 있던 캐머런을 찾아온 레너드는 "분명 하나님께서 도우실 테니 멕시코 상황에 대해 너무 염려하지 마십시오"라고 말했다.

 레너드 부부는 캐머런을 만난 뒤, 뉴저지에서 열리는 대규모 케직(Keswick) 사경회에 참석했다. 그들은 그곳에서 제임스 데일(James Dale)이라는 멕시코 선교사의 설교를 듣게 되었다. 사경회가 이틀째에 접어들던 날, 제임스 데일 선교사는 멕시코에서 선교사들이 겪고 있는 문제에 대해 이야기했다. 그의 설교가 끝나자 사경회에 참석했던 사람들 모두가 하나님께서 멕시코 상황을 바꾸어 주시도록 금식하며 기도했다. 철야하며 기도하는 사람들도 많았다.

다음 날 아침, 사경회에 참석한 사람들은 레너드에게 캐머런과 함께 멕시코에 들어가 '성경 번역 단기 학교'를 여는 것이 어떻겠냐고 권유했다. 그들은 비록 선교사의 신분이지만, 하나님이 멕시코에 들어가는 길을 열어 주실 것이라고 확신했다. 한 여인은 레너드에게 멕시코까지 타고 갈 자동차를 지원했고, 어떤 사람은 연료비로 사용하라며 헌금을 했다.

레너드 렉터스는 모험을 감행하기로 했다. 그는 사경회가 끝나자마자 캐머런에게 편지를 써서 자신의 의사를 밝혔다. 그리하여 두 사람은 텍사스의 댈러스에서 만나 멕시코로 들어가기로 했다. 엘비라는 여전히 건강 상태가 좋지 않았기에, 캐머런이 멕시코에 다녀오는 동안 시카고에 가서 친정집에 머물기로 했다.

레너드를 만나기로 약속한 날의 이틀 전, 캐머런은 댈러스에 도착하여 중앙아메리카 선교회 위원들을 만났다. 선교회 총무인 칼 허멜(Karl Hummel)은 캐머런에게 이틀 동안 위치타 폭포 여행에 동행하지 않겠냐고 제의를 했다. 캐머런은 레너드를 기다리는 것 외에 달리 할 일이 없었으므로 그의 제의를 받아들였다. 그가 위치타 폭포에 갔을 때, 그 지역의 성공회 사제가 캐머런에 대한 소문을 듣고 만나자는 요청을 했다. '성공회 사제가 무슨 일로 나를 집에 초대했을까?' 캐머런은 의아한 생각이 들었지만, 요청대로 그 집을 방문했다.

멕시코를 여러 번 여행했던 성공회 사제는 고대 아즈텍 문화에 흠뻑 매료되어 있었다. 마치 아즈텍 문화에 대한 식견을 자랑하고 싶어 자신을 초대한 것 같은 기분이 들기까지 했다. 그래도 캐머런은 예의에 벗어나지 않도록 그의 이야기를 주의 깊게 들으며 가끔 자신의 의견을 이야기하기도 했다.

마침내 이야깃거리가 바닥이 났는지 성공회 사제가 입을 다물었다. 이에 두 사람 사이에 잠시 어색한 침묵이 흘렀다. 그때 성공회 사제가 자리에서 벌떡 일어나더니 "참, 잊을 뻔했군!" 하며 책상 앞으로 다가갔다.

"캐머런 선교사님에게 멕시코시티 성공회 수석 사제의 주소를 드리려고 했지요." 그는 책상 서랍을 열더니 명함 한 장을 꺼냈다. "제가 소개의 글을 써 드리지요. 멕시코시티의 수석 사제는 영향력 있는 사람들을 알고 있으니, 다급하실 때 제법 도움이 될 겁니다."

그는 펜을 집어 들고 명함 뒷면에 몇 마디를 적더니 그 명함을 캐머런에게 건넸다. "고맙습니다." 캐머런은 명함을 받으며 그와 악수를 했다.

"만나 뵙게 되어 반가웠습니다. 언젠가 멕시코에서 다시 만나 뵈면 좋겠군요." 그의 말에 성공회 사제가 빙그레 웃었다. "와 주셔서 감사합니다. 이야기가 참 즐거웠습니다."

캐머런은 건네받은 명함을 외투 주머니에 넣은 채 사제의 집을 걸어 나왔다. 그는 명함 뒷면에 적힌 몇 마디의 소개서가 훗날 얼마나 요긴하게 사용될지 상상도 하지 못했다. 그것은 위치타 폭포에 온 보람을 톡톡히 느끼게 할 귀한 선물이었다.

멕시코에 발을 딛다

캐머런이 댈러스에 돌아와 보니 레너드 부부가 그를 기다리고 있었다. 다음 날 그들은 멕시코 국경을 향해 남쪽으로 차를 몰기 시작했다. 과연 국경을 통과할 수 있을지는 미지수였다. 1933년 11월 11일, 세 사람은 멕시코의 국경인 라레도에 도착하여 이민국 사무소에 들어갔다. 그들은 이민국 사무소 직원에게 멕시코 입국 사유를 설명했다.

"좀 앉으시죠." 사무소 한쪽에 놓인 딱딱한 나무 의자를 손으로 가리키는 직원의 얼굴에는 어림없다는 조소의 빛이 스쳤다. "하지만 시간 낭비일 걸요."

몇 시간이 흘러갔다. 사무소에 앉아 기다리고 있는 세 사람은 정말로 시간만 낭비하고 있다는 느낌이 들었다. 레너드는 똑같은 찬송가를 계속 반복해 흥얼거렸고, 레너드의 아내는 창밖으로 국경을 가로지르는 리오그란데 강물만 하염없이 바라보았다.

캐머런은 여행 가방을 손으로 만지작거리며 속으로 기도했다. 30분에 한 번씩 사무소 직원에게 다가가 입국이 되냐고 물어보았지만, 직원의 태도는 갈수록 냉담하고 거칠어졌다. 기다려 봤자 소용없다는 투였다. 그래도 세 사람은 무작정 앉아서 기다렸다. 그러나 도대체 무엇을 기다린단 말인가?

갑자기 캐머런의 머릿속에 한 가지 생각이 스쳤다. 이윽고 그는 여행 가방을 열고 속에 든 물건들을 뒤적이다가, 종이 뭉치 하나를 꺼내 한 개씩 살펴보더니 "여기 있다!" 하고 소리쳤다. "이것을 읽어 보시죠, 레너드. 어쩌면 이걸로 입국 허가를 내줄지도 모릅니다."

레너드는 캐머런이 내미는 종이의 내용을 읽고 나서 물

었다. "모이세스 사엔스가 누군가요?"

"이 나라에서는 교육의 아버지로 불리는 사람이죠. 이 사람의 남동생은 멕시코시티의 시장이랍니다. 제가 언젠가 이야기한 적이 있죠? 언젠가 이 사람이 파나하첼 마을에 왔을 때, 우리가 하는 사역에 대단한 흥미를 보였던 일 말입니다. 저더러 멕시코에도 와서 일하라고 했다는 그 이야기 기억하십니까?"

"와! 이렇게 중대한 초대장을 여행 가방에 넣어 두고 까맣게 잊어버렸단 말입니까?"

캐머런이 멋쩍게 고개를 끄덕였다. "가방에 서류들을 잔뜩 넣고 다니다 보니 이제야 생각이 났습니다. 자, 어서 가서 이것을 직원에게 보여 줍시다!"

캐머런과 레너드는 서둘러 직원 앞으로 걸어갔다. 직원은 또 왔냐는 듯 한심하다는 표정을 지었다. 이에 캐머런은 편지를 내밀었다. "제가 멕시코를 입국하려는 것은 바로 이 초청장 때문입니다. 한번 보시죠."

얼굴을 찌푸리며 캐머런에게서 편지를 건네받은 직원은 정부의 문장이 새겨져 있는 것을 보자마자 금세 태도를 바꾸더니 정색을 했다. 그리고 나서 그는 황급히 사무소 뒤로 들어가 다른 직원 몇 명을 데리고 나왔다. 그들은 거의 한 시간 가량 뭔가를 한참 이야기하다가, 이따금 언성을 높이기도 했다. 마침내 이야기를 끝낸 직원이 캐머런 일행에게 다가왔다. 그 직원은 고개까지 숙이며 사뭇 긴장된 어조로 말문을 열었다.

"타운센드 씨, 렉터스 씨, 그리고 렉터스 부인. 저의 상관들과 상의를 했는데, 이 편지를 토대로 여러분들을 우리나라에 기쁘게 입국시키기로 했습니다. 그저 단 두 가지만 주의 사항을 말씀드리겠습니다. 여러분의 종교를 전파하거나 인디언의 언어를 연구하는 일은 하지 말아 주십시오. 만약 그런 일을 하시면 벌금을 물고 나서 추방될 것입니다. 그것만 제외하면 무엇을 하시든 상관없습니다. 세 분의 여권을 이리 주시죠. 입국 허가증을 찍어드리겠습니다."

단 30분 만에 모든 절차를 끝낸 뒤, 세 사람은 다시 차에 올랐다. 차는 공사가 한창인 팬아메리칸 하이웨이(Pan American highway)를 달려 몬테레이로 향했다. 그러나 캐머런과 레너드 부부의 마음은 여전히 무거웠다. 멕시코에 들어오기는 했으나, 정작 들어온 목적을 이룰 수가 없는 상황인 것이다. 그러나 멕시코에서 몇 주 동안 머무는 사이, 이민국 사무소 직원들이 세 사람에게 얼마나 큰 아량을 베풀어 입국을 허가했는지를 비로소 깨닫게 되었다.

들려오는 소문에 의하면, 선교사들이 가는 마을마다 쫓겨나기도 하고, 고국으로 추방당하는 일이 다반사라고 했다. 제임스 데일의 아들 조니(Johnny)는 멕시코에서 태어났음에도, 막대한 돈을 들여 변호사를 고용한 보람도 없이 체류 비자를 받을 수 없었다고 한다.

하루하루가 지날 때마다 캐머런 일행에게는 점차 희망이 사라졌다. 멕시코시티에 도착해서 알아보니, 사엔스 박사는 강의를 위해 미국에 가 있는 관계로 2개월 후에나 돌아온다고 했다. 사엔스 박사라면 분명 세 사람을 도와줄 수 있을 터였다. 멕시코에 온 지 3주가 지났을 무렵, 레너드 부부는 짐을 꾸려 미국으로 돌아갈 준비를 했다.

"캐머런 선교사는 있고 싶은 만큼 여기에 더 있으시죠. 저는 돌아가서 처리해야 할 일이 너무 많습니다. 서류 절차만 해도 몇 달이 걸릴 게 뻔하고, 그나마 절차가 끝난다 해도 우리가 원하는 선교 사역을 할 수 있다는 보장이 없지 않습니까?"

캐머런도 그의 심정을 이해 못하는 바는 아니었지만, 그래도 어쩐지 그를 말리고 싶었다. "하나님이 우리를 여기까지 데려오셨으니, 나머지 일도 알아서 도와주시겠지요."

며칠 후, 캐머런의 가방 속에서 이번 일을 해결할 만한 새로운 단서가 나타났다. 캐머런은 다시 한 번 서류 가방을 뒤져 잊고 있던 무언가를 찾아냈다. 댈러스의 위치타 폭포에서 만난 성공회 사제가 준 명함이었다. 캐머런은 멕시코시티의 수석 사제를 만나기 위해, 성당에서 열리는 일요일 오전 예배에 참석하기로 했다.

마침 일요일 예배 설교자가 그 수석 사제였다. 사제는 예배를 마친 후에 현관문 앞에서 교인들과 악수하며 인사를 나누었다. 캐머런은 그에게 자신이 누구인지 밝히고 나서, 뒷면에 간략한 소개문이 적힌 명함을 건넸다. 소개문을 읽은 사제는 상당히 좋은 인상을 받은 모양이었다. 그는 캐머런을 화요일 저녁 만찬에 초대했다. 캐머런은 렉터스 부부에게 재빨리 소식을 전했다. 그리고 화요일 만찬에서 멕시코에 온 목적을 달성할 수 있는 길이 열리도록 기도했다.

화요일 저녁이 되어 캐머런은 수석 사제가 주도한 만찬에 참석했다. 마침 영국에서 민족학(여러 민족의 문화를 비교, 검토, 연구함으로 민족 생활의 생성, 발전, 본질을 밝히려는 학문 – 역자 주)을 연구하는 버나드 베번스(Bernard Bevans) 박사 옆에 앉게 되었다. 베번스 박사와 캐머런은 인디언에 대한 주제를 놓고 이런저런 흥미로운 이야기를 주고받았다. 베번스 박사는 캐머런의 과테말라 사역과 멕시코에서 계획하고 있는 일에 대한 이야기를 진지하게 경청했다. 그리고 나서 베번스 박사는 도움을 줄 만한 사람들을 만나게 해주겠다며 캐머런과 모임 약속을 했다. 또다시 기다려야 할 일이었지만, 길이 열리고 있다는 확신이 들었다.

보이지 않는 연결 고리

금요일 정오, 캐머런은 한 호화로운 식당에서 베번스 박사를 만났다. 그곳에서 소개 받은 사람은 뉴욕의 콜롬비아 대학교수인 프랭크 테넌바움(Frank Tannenbaum) 박사였다. 캐머런이 테넌바움 박사와 대화하는 중, 여러 명의 사람이 박사에게 다가와 《혁명에 의한 평화》(*Peace by Revolution*)라는 책의 출간을 축하하는 인사를 건넸다.

그 순간 캐머런은 절호의 기회라는 것을 직감했다. 도움이 될 만한 것이면 무엇이든 놓치지 않는 그였다. 캐머런은 슬쩍 식당을 빠져나가, 근처의 서점에서 테넌바움 박사의 책을 구입했다. 그러고 나서 그는 다시 식당으로 돌아왔다.

테넌바움 박사는 식당 한쪽에서 어떤 남자와 이야기를 나누는 중이었다. 그들의 대화가 끝나자마자 캐머런은 박사 앞으로 다가갔다. "테넌바움 박사님, 제가 가지고 있는 박사님의 책에 사인을 해주신다면 더없는 영광이겠습니다." 그러자 박사는 약간 우쭐한 표정을 지으며 캐머런에게 대꾸했다.

"물론이지요, 타운센드 씨. 저도 당신이 과테말라에서 인디언을 위해 이룩한 업적을 대단히 감명 깊게 들었습니다. 상당히 혁신적인 사고를 갖고 계신 분이라는 생각이 듭니다. 솔직히 말하자면 최고로 흥미로운 이야기였습니다." 그는 책 표지에 사인을 한 후, 다시 말을 이었다.

"캐머런 씨, 당신을 다시 한 번 만나면 좋겠군요. 지금은 멕시코에서 일을 하기가 상당히 어려우실 겁니다. 외국인들을 무척이나 경계하거든요. 저의 지인에게 당신에 대한 소개서를 써 달라고 부탁하죠. 그는 라파엘 라미레스(Rafael Ramírez)라는 사람입니다. 이 나라 지방 교육부청의 청장인데, 상당히 진보적인 태도를 취하는 사람이지요. 현재 각 학교를 시찰하는 중이라고 들었는데, 아마 23일에는 몬테레이에 돌아올 겁니다."

테넌바움 박사는 라파엘 라미레스라는 사람이 받게 될 간단한 소개서를 써서 캐머런에게 주었다. 캐머런은 박사의 배려에 감사의 마음을 표했다. 숙소에 도착한 캐머런은 테넌바움 박사가 책에 적은 사인과 글을 보았다. 인디언을 위한 캐머런의 사역을 치하하며, 계속 정진하도록 격려하는 글이었다. 캐머런은 미소 띤 얼굴로 테넌바움 박사가 저술한 책을 읽기 시작했다. 멕시코에서의 선교 사역에 한 발짝이라도 가까이 다가서기를 바라는 마음이 간절했다.

캐머런과 레너드는 23일에 몬테레이에 가서 라파엘 라미레스를 기다렸다. 이윽고 청사 앞에 차 한 대가 멈추어 서더니, 라파엘 라미레스가 차에서 내렸다. 캐머런은 얼른 그에게 다가가 자신을 소개한 뒤, 멕시코에 온 이유를 밝혔다. 그러고 나서 테넌바움 박사가 써 준 소개장을 보여 주었다. 지방 교육부 장관은 소개장을 읽으며 약간 얼굴을 찌푸렸다. 그는 희끗한 머리를 한 손으로 쓸어 올리며 캐머런에게 말했다. "음, 제가 무엇을 도와드릴 수 있을지 모르겠군요. 인디언은 이미 종교에 심취한 사람들 아닙니까?"

캐머런은 얼른 대답할 말을 생각한 후에 말문을 열었다. "맞습니다. 인디언은 정말로 미신과 종교에 깊이 빠져 있지요. 하지만 그들은 단 한 번도 자신들의 고유 언어로 된 성경을 읽을 기회가 없었습니다. 성경을 아는 것이 곧 인디언을 훌륭한 시민으로 만들 수 있는 열쇠입니다."

라파엘 라미레스가 당혹스러운 표정으로 캐머런을 쳐다보았다. "미처 그런 생각은 해보지 않았는데…. 하지만 우리는 번역을 허락할 수 없습니다. 설사 성경이 번역된다 하더라도 그것을 사람들에게 나눠 주는 것은 불법입니다." 그렇게 말하는 동안 그의 시선은 캐머런의 손에 들려 있는 책을 향했다. 그는 놀란 표정을 지으며 얼른 화제를 바꿨다.

"아! 당신도 테넌바움 박사의 책을 읽는군요. 그분이야말로 대단한 사상가입니다. 멕시코 혁명의 진정한 의의를 이해하는 몇 안 되는 미국인 중 한 분이죠."

캐머런이 미소를 머금으며 응수했다. "저도 동감입니다. 사실 바로 지난주에 테넌바움 박사님을 직접 뵈었죠." 그는 테넌바움 박사가 서명한 표지를 보여 주었다. "제가 하는 일을 설명해 드렸더니 이렇게 격려의 글을 써 주셨습니다. 참으로 자상한 분이시죠?"

"그렇군요." 라파엘 라미레스는 대답과 함께 테넌바움 박사의 글을 눈여겨 읽더니, 곧 환한 미소를 지었다.

"아, 제가 속단했던 것 같습니다. 만약 테넌바움 박사 같은 분이 당신의 인디언 교육 사역에 칭찬을 아끼지 않았다면 제가 어찌 감히 반대할 수 있겠습니까? 물론 성경 번역은 허락할 수 없지만, 멕시코의 지방 교육을 살펴볼 수 있도록 허가는 내려 줄 수 있습니다. 혹시 지방 교육 발전을 위한 좋은 제안이 있다면 말씀해 주셔도 좋습니다. 어떻습니까? 내일 아침 제 사무실로 오시면, 모든 서류 절차를 도와드리죠."

"대단히 감사합니다." 캐머런은 그에게 정중히 인사했다.

캐머런과 레너드는 지방 교육을 살펴보는 대안에 대해 논의했다. 원하던 바를 온전히 달성하지는 못했지만, 적어도 시작은 가능하게 된 것이다. 캐머런은 지난 일들을 하나씩 돌이켜 보았다. 모이세스 사엔스 박사의 소개서, 성공회 사제가 주었던 명함, 멕시코시티의 수석 사제가 만찬에 초대한 일, 베번스 박사의 초대, 테넌바움 박사의 글, 그리고 라파엘 라미레스와의 만남, 이 모두가 하나의 고리처럼 연결되었다.

이로써 결국 인디언 마을에 들어가서 지역 학교의 상황을 살펴보라는 허가를 받지 않았는가! 분명 그 고리들은 앞으로도 계속해서 이어질 것이다. 멕시코에서의 성경 번역이 기필코 가능하게 될 것이라는 굳은 믿음이 캐머런의 가슴속에서 용솟음쳤다.

또 다른 길을 모색하다

캐머런은 6주에 걸쳐 시골 지역의 인디언 학교들을 둘러보았다. 캐머런이 찾아간 지역은 치아파스, 캄페체, 타바스코, 베라쿠스, 모렐로스, 왁사카, 유카탄 지역이었다. 그는 학생들이 어떤 종류의 교과서를 사용하는지부터, 교사들이 받은 훈련에 이르기까지 보고 들은 내용들을 빠짐없이 노트에 기록했다. 라파엘 라미레스의 소개서 덕분에 캐머런은 가는 곳마다 즉시 귀빈 대접을 받았다.

가장 인상 깊은 점은 멕시코 정부가 인디언의 생활을 향상시키기 위해 진정한 노력을 기울이고 있다는 점이었다. 인디언의 생활이나 교육 실정이 여전히 빈약하기는 했지만, 정부의 정성 어린 노력만큼은 희망적이었다. 아울러 멕시코 혁명으로 거둔 결과들도 무척 고무적이었다. 1922년에는 멕시코의 공립학교가 총 309개였으나, 11년이 지난 지금은 7,504개로 늘어났다.

그러나 캐머런의 학교 시찰은 시카고에서 온 전보 한 장으로 중도에 막을 내려야 했다. 엘비라의 상태가 악화되어 며칠을 버티지 못할 만큼 위독하다는 전갈이었다. 한시바삐 아내 곁으로 달려가고 싶었지만, 비행기를 탈 돈이 없었다. 결국 그는 미국 국경으로 향하는 기차를 탔다. 이등석에 탄 캐머런은 멕시코 사람들 틈에 앉았다. 기차가 더딘 속도로 전진하는 동안 그는 가슴을 졸이며 기도했다. '부디

엘비라를 볼 수 있게 해주십시오.'

미국에 도착한 캐머런은 아칸소의 설퍼 스프링스로 가는 기차를 타고, 존 브라운 대학(John Brown Academy) 학장으로 근무하는 남동생 폴의 집을 향해 갔다. 그는 폴이 빌려준 차를 가능한 빠른 속력으로 몰아 시카고로 향했다. 엘비라는 여전히 살아 있었지만 몹시 병약한 상태였다. 심지어 침대에서 몸을 일으키지도 못할 정도였다. 캐머런을 본 엘비라는 자신을 산이 있는 곳에 데려가 달라고 부탁했다. 그는 차 뒤편에 편안한 베개와 담요를 놓고 엘비라가 차에 오르도록 부축한 뒤 차를 몰았다.

캐머런과 엘비라는 오자크 산에 있는 바스트(Bast) 의사 부부의 집에 머물렀다. 바스트 의사는 남동생 폴과 절친한 사이였다. 바스트 의사의 정성 어린 돌봄 덕분에 엘비라의 상태는 조금씩 좋아졌다. 캐머런 역시 그 기회에 쉴 수 있었다. 숲 속을 산책하며 모처럼의 휴식을 취했던 것이다. 때는 봄이었으므로 야생 사과나무에는 꽃들이 만발했고, 부산스럽게 오가며 둥지를 짓는 앵무새들의 즐거운 지저귐으로 숲 속에 활기가 넘쳤다.

캐머런의 몸은 한가했지만 머리는 그렇지 못했다. 어느 때보다 수많은 생각과 계획으로 가득 차 있었기 때문이었다. 그는 멕시코에서 보고 들었던 것들을 떠올리며 멕시코의 지방 교육에 대한 글을 써서 〈댈러스 뉴스〉와 〈학교와 사회〉라는 잡지에 투고했다. 얼마 후 라파엘 라미레스로부터 멕시코의 지방 교육에 대한 폭넓은 식견을 치하하는 편지가 날아왔다. 놀랍게도 캐머런이 쓴 글이 라파엘의 사무실까지 전달된 것이다.

캐머런은 이전에 생각해 두었던 언어학 단기 훈련 과정에 대해 본격적으로 고려해 보았다. 숲 속을 거니는 동안 '지금이야말로 그런 훈련 학교를 시작해야 할 때가 아닌가?' 하는 확신이 섰다. 그렇다면 바로 이 오자크 산에서 학교를 열면 어떻겠는가?

한 달 동안 그의 머릿속은 또다시 분주해졌다. 언어 훈련 과정을 어떤 식으로 이끌어야 할지를 제외하고는 다른 생각을 할 겨를이 없었다. 그는 대학교수부터 시작해서 자신을 위해 날마다 기도하기로 약속한 모교회의 할머니에 이르기까지 '언어학'에 관심을 보였던 모든 그리스도인에게 편지를 띄웠다.

1934년 4월 어느 월요일 아침, 캐머런은 먹지를 끼운 몇 장의 백지를 타자기에 넣고, 새롭게 시작할 언어학 훈련 과정을 알리는 광고 전단을 만들었다.

성경 번역가 지망자를 위한 여름 훈련 캠프

1934년 6월 7일–1934년 9월 7일

해피 밸리 농장
아칸소 설퍼 스프링스

교사와 강의 주제는 허용된 시간 내에서 가능

- **레너드 렉터스**
  인디언 분포 상황과 부족 역사 / 인디언 문화와 심리학 / 인디언 전도와 영성 개발 / 하나님의 인도하심을 받는 방법 / 협력 사역

- **조 치콜**
  스페인어 / 인디언 문자론과 발음법 / 인디언의 미신과 악습과 종교

- **캐머런 타운센드**
  인디언의 경제와 문화적 상황 / 인디언과 관련된 정부 정책 / 인디언어 번역-실습 프로그램 / 인디언의 철학 / 문맹 퇴치 운동

- **폴 타운센드**
  인디언 사역자들의 실제적인 문제들

**라틴아메리카의 역사와 지리에 관한 부분 강의도 시행할 예정
아래 명시한 강사와 주제는 미확정**

- **프랭크 핑커톤 박사**
  열대 지방에서의 건강관리법 / 응급처치법 / 인디언 고고학

- **맥크리 박사**
  음성학 기초

※ 상기에 명시된 '인디언'이라는 단어는 라틴아메리카에 사는 인디언을 지칭함

캐머런은 윌 나이먼(Will Nyman)이라는 사람에게도 편지를 썼다. 윌 나이먼은 로스앤젤레스에 있는 열린문 교회의 선교부장이었다. 그에게 편지 쓰는 일은 쉽지 않았다. 지난 17년 동안 열린문 교회는 캐머런의 사역을 신실하게 재정적으로 후원해 주었다. 캐머런은 이제부터 교회에서 자신에게 주던 후원금을 다른 선교사에게 주라고 부탁하면서, 기도의 후원만큼은 계속해 달라고 당부했다.

캐머런은 오래 고심한 끝에 마음의 결정을 내렸다. 지금부터 선교사가 아니라 현지 언어를 번역하는 언어학자로써 사역하기로 결심한 것이다. 만약 어떤 사람이 그에게 "어디서 보수를 받느냐"고 묻는다면, 교회에서 정식으로 후원금을 받는 게 아니라 친구나 가족들이 뒷받침해 준다고 말해야만 했다. 물론 그 뒷받침이 빈약하더라도 어쩔 수 없는 노릇이었다.

그 후 캐머런은 한 달 동안 그 지역에 있는 몇 개의 기독교 대학을 찾아다니며, 최초의 여름 훈련 캠프에 참가할 학생들을 모집했다. 수업이 끝난 후 학생들에게 광고 전단을 나눠 주기도 하고, 어떤 때에는 저녁까지 남아서 학생들의 질문에 대답해 주기도 했다.

전례 없는 생소한 훈련 과정이었으므로 질문이 끊이지

않았다. 대부분 학생은 훈련 기간 동안 어디에서 묵고 무엇을 하는지 질문했다. 캐머런은 있는 그대로 솔직히 이야기 했다. "훈련 목표 중 하나는 열악한 환경 속에서 살아갈 준비가 되어 있지 않은 사람을 가려내는 일입니다."

실제로 그들이 들어가서 성경을 번역하게 될 지역은 대부분 미개하며 외딴 시골 지역이기 때문에, 그런 환경에 적응할 수 있는지를 확인하는 것도 훈련 의도 중 하나였다.

새로운 사역의 길에 들어서서

1934년 6월 7일 목요일, 캐머런 타운센드는 첫 훈련 캠프에 모인 사람들을 둘러보았다. 허름한 농가 앞마당의 통나무 위에는 7명의 사람이 앉아 있었다. 강사와 학생 비율이 2대 1이 될 정도로 강사가 학생 수를 압도했다.

댈러스 신학대학원에 다니고 있는 리치먼드 맥키니(Richmond Mckinney)라는 남학생과, 남캐롤라이나의 콜롬비아 성경 대학에 다니는 에드 슐카(Ed Sywulka)라는 남학생이 첫 훈련의 참석자였다. 2명의 학생을 제외한 나머지 4명은 조 치콜, 폴 타운센드, 레너드 렉터스, 캐머런 타운센드 강사였다. 어느 정도 건강이 나아진 엘비라도 훈련을 돕기 위해 훈련 장소에 와 있었다.

몇 명이 참석했는지는 문제되지 않았다. 캐머런은 위클리프 캠프가 본격적으로 시작됐다는 사실에 신이 났다. 캠프의 상황은 캐머런이 미리 지적한 대로 열악하기 그지없었다. 침대도 없어 딱딱한 나무 바닥에서 잠을 잤다. 잔디밭도 있었지만, 잠을 자기 위해서는 학생들이 직접 잔디를 깎아야 했다. 물을 사용하려면 우물에 가서 길어 와야 했고, 모든 사람이 순번대로 돌아가며 농장에서 직접 캐 온 야채로 식사를 준비했다.

다른 것들을 살 만한 돈도 없었다. 가끔 캐머런의 가족 중 한 사람이 몇 달러를 보내 주면, 캐머런은 그 돈을 다른 사람들과 함께 나눠 썼다. 때로는 강사 중 한 사람이 인근 교회에 초청을 받아 설교를 하고 헌금을 받아 오는 경우도 있었는데, 그 돈 역시 공동으로 사용했다. 돈도 없고 먹을 것도 빈약했지만 어느 누구도 불평하지 않았다. 짧은 기간에 배울 것이 매우 많았기에 밥투정을 할 여유도 없었다.

3개월의 훈련이 거의 끝나갈 즈음, 맥크리(McCreery) 박사로부터 캠프에 참석할 수 없게 되었다는 편지가 왔다. 아프리카의 선교사이자 현재 로스앤젤레스의 대학교수인 맥크리 박사는 도저히 취소할 수 없는 약속 때문에 올 수 없다고 했다. 캠프에 참석한 두 학생에게 음성학 공부가 더 필요한 상황이었기에 캐머런은 적잖이 낙심되었다. 그러나 문득 한 가지 묘책이 떠올랐다. '만약 맥크리 박사가 올 수 없다면, 두 학생을 맥크리 박사가 있는 곳으로 보내면 되지 않겠는가?'

캐머런은 캘리포니아의 글렌데일에 사는 윌 나이만에게 편지를 썼다. 두 학생이 로스앤젤레스에서 맥크리 박사와 공부하는 동안 그들의 숙식을 제공할 수 있는지 묻기 위해서였다. 윌 나이만의 답장에는 두 학생이 얼마든지 자신의 집에 머물러도 좋다고 적혀 있었다.

캐머런은 학생들이 윌 나이만의 집뿐 아니라, 인디언 구역에 사는 여러 선교사 집에도 머물 수 있도록 주선했다. 미국 내에는 수많은 인디언 부족이 살고 있으며, 그들 중에는 영어를 하지 못하는 사람들이 있으므로 그들에게 고유 문자가 필요하다는 사실을 학생들이 직접 보고 경험하기를 바랐다. 이 모든 일정은 순조롭게 진행되었다.

1934년 9월, 두 참가자는 제1기 위클리프 캠프 훈련 과정을 성공적으로 수료한 졸업생이 되었다. 캐머런과 엘비라는 학교를 마친 뒤 멕시코를 향해 길을 떠났다. 이번에는 입국 문제가 발생하지 않은 대신, 멕시코 안에서 말썽이 생겼다. 캐머런 부부가 탄 차는 팬아메리칸 하이웨이를 지나 몬테레이까지 달렸는데, 몬테레이에서 남쪽의 멕시코시티로 가는 중에 산사태가 나서 길이 막히고 말았다. 돌아갈 길도 전혀 없었다. 결국 캐머런과 엘비라는 도로가 복구될 때까지 몬테레이에서 8주를 기다려야 했다.

그러는 동안 엘비라는 신경 쓰고 긴장한 탓에 다시 몸져눕고 말았다. 이에 엘비라가 며칠을 넘기지 못할 것이라는 의사의 진단이 내려졌다. 의사는 캐머런에게 장례 절차를 미리 준비해 두라고 조언했다. 멕시코에서 기독교 장례식을 거행하려면 수많은 서류 절차가 필요하다고 했다.

캐머런은 '아무래도 낯선 도시보다는 엘비라를 사랑하는 사람들 곁으로 보내는 것이 좋겠지?' 하고 생각했다. 캐머런은 차에 기름을 채우고 북쪽의 댈러스를 향해 달렸다. 집에 도착한 엘비라는 많은 사람의 도움과 간호를 받게 되었고, 캐머런은 다시 미래의 사역을 계획할 여유가 생겼다.

그는 여전히 인디언을 위한 사역을 하고 싶었다. 그러던 중에 한 가지 재미있는 생각이 떠올랐다. '중앙아메리카에 사는 인디언의 삶을 담아낸 소설을 쓰는 건 어떨까?' 교회에서 인디언 사역에 대해 역설하는 캐머런의 설교에 시큰둥한 사람도, 인디언의 삶을 담은 소설만큼은 읽을 것이다.

그는 타자기를 앞에 놓고 즉시 소설을 쓰기 시작했다.

그렇게 소설을 쓰기 시작한 지 4개월이 흘러, 캐머런의 첫 소설 《화산의 아들 톨로》(*Tolo, the Volcano's Son*)가 완성되었다. 비록 소설이라고는 하지만, 실은 샌안토니오에서 거주하며 일했던 수많은 인디언의 삶을 토대로 지은 이야기였다. 이 소설의 원고를 〈레버레이션〉(현재는 〈이터너티〉라고 불림)'이라는 잡지사의 편집자에게 보여 주자, 편집자는 캐머런의 소설을 한 달에 한 장씩 연속물로 잡지에 싣는 것이 어떠냐고 제안했다.

겨울이 다가오면서 캐머런은 이듬해인 1935년 여름에 개최할 두 번째 위클리프 캠프 준비에 돌입했다. 먼저 광고 전단을 만들고, 수백 통의 편지를 써서 참석자들을 모집했다. 이번에는 인내의 결과가 나타났다. 1934년 최초의 캠프 때에는 단 2명의 학생이 참석했으나, 1935년의 캠프에는 5명의 학생이 지원한 것이다. 이로써 이번에는 학생 수와 강사 수가 동일하게 되었다.

다시 시작되는 훈련 캠프

제2기 위클리프 캠프가 시작되었다. 캐머런은 참가한 학생들을 일일이 반갑게 맞이했다. 처음으로 도착한 참가자는 브레이너드 렉터스(Brainerd Legters)와 맥스 라스롭(Max Lathrop)이라는 두 청년이었다. 브레이너드 렉터스는 레너드 렉터스의 아들이었다. 그는 필라델피아에서 신학대학원을 갓 졸업한 뒤, 친구인 맥스 라스롭을 설득하여 함께 캠프에 참석한 것이었다. 캠프가 끝나면 두 사람 모두 비자를 받는 즉시 멕시코에 들어갈 계획이었다.

그다음으로 도착한 참가자는 제1기를 수료했던 리치먼드 맥키니였다. 그는 다시 2기 훈련을 받으려고 온 것이었다. 그 후에 빌 세다트(Bill Sedat)라는 독일계 금발의 청년이 도착했고, 마지막으로 켄 파이크(Ken Pike)가 도착했다. 켄 파이크는 기차 요금을 지불할 돈이 없어서 보스턴에서부터 캠프장까지 지나가는 차들을 얻어 타고 왔다. 그는 선교사가 되기로 굳게 결심한 사람이었다. 그동안 그는 중국내지선교회에 두 번이나 신청서를 제출했다가 거절당한 적이 있었다. 그 이유는 켄의 건강 상태가 너무 허약하다는 것이었다.

깡마르고 해쓱한 켄을 보니 캐머런 역시 선교회의 거절 사유가 납득이 되었다. 켄은 세상에 태어나서 햇볕 한 번 쐬어 보지 못한 사람처럼 얼굴이 창백했다. '하지만 나 자신도 결핵으로 고생하고 있고, 아내는 불치의 심장병을 앓고 있지 않은가?' 그렇기에 캐머런은 어느 누구도 건강상의 이유로 훈련에서 제외시키지 않겠다고 다짐했다. 하나님이 선교사의 사명을 맡긴 사람이라면, 외적인 조건을 불문하고 도와주는 것이 자신의 책임이라고 느꼈다.

그해의 위클리프 캠프도 작년과 변함없이 진행되었다. 참가자들은 동일한 통나무에 앉아서 동일한 강사에게 강의를 들었다. 날마다 해야 하는 일과도 변함없었다. 그들은 각자 살아남기 위한 기술을 익혀야 했다.

캠프가 시작된 다음 날, 요리할 때 불을 피울 용도로 사용할 나뭇가지들을 모아 오도록 참가자들에게 지시했다. 켄 파이크는 서둘러 밖에 나가더니 이윽고 나무 위로 기어 올랐다. 캐머런과 레너드는 나무에 오르는 켄을 보며 기가 막혀 웃고 말았다.

"아니, 자네 도대체 무엇을 하는 건가? 나뭇가지를 땅에서 주워 와야지, 나무 위에 올라가서 어떻게 하겠다는 거야?" 캐머런의 말이 끝나자 옆에 서 있던 레너드가 나지막이 중얼거렸다. "하나님, 좀 더 나은 사람을 보내 주실 수는 없으셨나요?"

그 소리를 들은 캐머런은 껄껄 웃으며 레너드에게 말했

다. "그래도 저 청년이 카크치켈어 흉내 내는 모습을 보셔야 합니다. 비록 바깥 작업은 형편없어도 언어학자가 될 소양은 뛰어난 청년입니다."

이번에는 맥크리 박사도 시간을 내어 아칸소에 와서 강의를 했다. 캐머런과 엘비라를 비롯한 위클리프 캠프 참석자 모두가 박사의 말을 하나라도 놓칠까 조바심치며 열심히 필기했다. 어느 날 맥크리 박사는 '특별 기도의 날'을 정하자고 제안했다. 하나님이 멕시코의 문들을 여시어 모든 참가자가 멕시코에 들어가 자유롭게 일하게 해 달라고 기도하자는 취지였다.

당시 상황은 그런 특별 기도가 절실할 정도로 악화 일로에 치닫고 있었다. 멕시코에 라소로 카르데나스(Lázaro cárdenas)가 새로운 대통령으로 선출된 이래, 한층 강화된 규제들이 선교사들의 숨통을 점점 더 조여 오고 있었다.

카르데나스 대통령은 수많은 무신론자를 내각으로 임명했고, 선교 사역을 철저히 무산시키려는 목적으로 새로운 법률들을 제정해 놓았다. 그중에는 종교성 자료들을 우편으로 발송하는 것을 금지하는 법률도 있었다. 그 결과 수만 권의 스페인어 성경이 압수되었으며, 선교사들은 매달 전송했던 기도 편지도 보낼 수가 없었다. 또 다른 법에 의하면 선교사들의 체류는 고사하고, 입국 비자를 발급받는 일조차 거의 불가능하게 되었다.

멕시코의 새날이 열리다

1935년 7월 24일은 '멕시코를 위한 기도의 날'로 정해졌다. 그날 아침, 참가자들과 강사들이 모두 한자리에 모였다. 캐머런은 언제나처럼 통나무에 앉아, 멕시코의 상황과 기도 제목을 전했다. 그 자리에 참석한 모든 사람은 캐머런의 설명에 귀를 기울였다. 그러고 나서 그들은 다 함께 무릎을 꿇고, 하나님께서 멕시코의 문을 열어 주시어 인디언 부족들에게 들어가 번역 사역을 할 수 있게 되도록 마음을 모아 간절히 기도했다.

이윽고 점심시간이 되었지만, 캐머런은 여전히 기도를 하고 있었다. 그때 한 학생이 정오 뉴스를 듣기 위해 식탁에 놓인 커다란 라디오 스위치를 돌렸다. 그러더니 "이리 와서 이것 좀 들어보세요!" 하고 큰 소리로 외쳤다. 이에 모든 사람이 식탁으로 달려갔다. 사람들은 하나같이 라디오 주변에 모여 귀를 바짝 갖다 댔다. 뉴스를 전하는 아나운서의 목소리가 흥분에 차 있었다.

"멕시코 정계 뉴스를 알려 드리겠습니다. 방금 전 라소로 카르데나스 대통령이 중대 사안을 발표했습니다. 대통령은 곧 내각 개편을 전면 실시하여, 온건파 인물들로 구성된 새 내각을 조직하겠다고 밝혔습니다." 라디오 앞에 모여 서 있던 모든 사람이 일제히 환호성을 질렀다. "와! 정말 놀라운 일이다!"

실제로 놀라운 일이었다. 그다음 2주 동안은 멕시코에서 벌어진 새로운 개정 내용들이 날마다 전파를 타고 전해졌다. 카르데나스 대통령은 새로운 내각을 조직하여, 반종교적인 엄격한 법률 조항들을 대거 개정했다. 종교 자료들을 우편으로 발송할 수 없다는 법도 철회되었고, 선교사들의 체류를 연장하는 새로운 이민법도 제정되었다.

그중에서도 가장 흥분되는 소식은 번역자들이 국내에 들어와서 인디언 부족을 위해 일할 수 있도록 대통령이 직접 권유한 사항이었다. 멕시코 정부는 선교사들에게 호의적인 방향으로 완전히 정책을 바꾸었다. 이제 캐머런은 위클리프 캠프가 끝나는 즉시 남쪽으로 달려가 번역 일을 시작할 예정이었다.

8월 중순이 되자, 캠프에 참석했던 모든 사람은 멕시코로 떠날 준비를 했다. 그들은 문자가 없는 언어를 사용하는 여섯 개 부족을 찾아가서 본격적으로 일을 시작할 계획이었다. 어떤 사람은 번역을 완성할 때까지 머무를 참이었고, 또 어떤 사람은 몇 주만 머물다가 가을에 다시 미국으로 귀국하여 학업을 마저 지속할 사람도 있었다.

캐머런은 엘비라를 데리고 또다시 남쪽으로 가야 할 일이 큰 걱정이었다. 다행히 에블린 그리셋(Evelyn Griset)이라는 캐머런의 조카가 동행하여 외숙모를 간호하고 돌보기로 했다. 조카의 동행으로 한시름 놓기는 했지만, 멕시코에 도착하면 어디에서 살지가 걱정이었다. 엘비라의 건강 상태를 고려해서 지은 옥수숫대 오두막은 아무리 생각해도 적절하지 않은 것 같았다.

그러던 중 집에 대한 걱정도 깨끗이 해결되었다. 톰 하우드(Tom Haywood)라는 그리스도인 사업가의 집에 애물단지로 처박혀 있던 세탁기가 한 대 있었다. 1935년 당시에는 세탁기가 무척이나 값나가는 물건이었다. 톰은 세탁기를 팔고 중고 트레일러(자동차 뒤에 달아서 견인하는 이동 주택 - 역자 주)를 사서 캐머런에게 선사했다. 캐머런 부부가 멕시코에서 이동 주택으로 사용할 만한 트레일러였다.

캐머런은 톰이 선사한 트레일러 집을 보자 마음이 놓였다. 물을 저장할 수 있는 탱크도 있고 접이식 식탁과 의자도 있었다. 한 가지 문제는 무게가 거의 10t이나 나간다는 점이었다. 캐머런의 차로 그렇게 무거운 트레일러를 멕시코까지 끌고 가는 것은 무리였다. 캐머런이 끌고 다니는 고물 차는 30km도 못 가서 고장이 났다. 하지만 어쩔 도리가 없었다. 새 차를 살 만한 돈이 없었기에 트레일러를 차 위에 매달 수밖에 없었다.

한 지역 교회 목사가 캐머런의 그러한 사정을 듣고 자신이 사용하던 차를 선사했다. 그 차 역시 육중한 트레일러를 끌지는 못하겠지만, 목사의 차와 캐머런의 차를 팔면 트레일러를 끌 만한 큰 차를 살 수 있을 것이라고 조언했다. 과연 목사의 말대로 캐머런은 두 대의 차를 팔아 뷰익(buick)이라는 중고차를 구입했다. 휘발유 사용량이 많은 차였지만 트레일러를 끌 수 있을 만큼 튼튼했기에 캐머런은 그저 만족스러웠다.

위험한 여정

캐머런 부부와 에블린은 중고 뷰익 차에 신나게 올라탔다. 이제 멕시코를 향해 힘차게 전진하는 그들을 막을 대상은 아무것도 없었다. 캠프에 참석했던 나머지 사람은 다른 차를 타고 앞서 떠났다. 휘발유를 채워 넣느라 도중에 여러 번 정차하기는 했지만, 캐머런 일행은 댈러스에 무사히 도착하여 중앙아메리카 선교회에서 며칠을 머물렀다.

그들은 라레도를 지나 멕시코 국경에 도착했다. 이민국에서는 입국하는 모든 외국인에게 한 달에 60달러 이상을 소지하지 못하도록 규정했다. 그러나 캐머런은 걱정하지 않았다. 분명 방법이 있으리라 믿었던 것이다.

과연 그의 믿음은 조금도 어긋나지 않았다. 트레일러를 끌고 멕시코 국경에 도착하자, 이민국에서 근무하는 모든 직원이 밖으로 달려 나왔다. 그들은 저마다 입을 다물지 못했다. "바퀴 달린 집이다!" 그들은 난생 처음 보는 이동 주택이 신기했는지, 캐머런이 차를 세우자마자 주위를 빙 둘러보았다.

캐머런은 이번에도 기회를 놓치지 않았다. 그는 운전석에서 나오며 사람들을 향해 말했다. "제 가족은 인디언과 일하면서 이 집에서 살 겁니다. 내부를 한번 보시겠어요?"

이민국 직원들은 한 사람씩 트레일러에 올라타서 이것저것 구경하며 스페인어로 수다를 떨었다. 캐머런은 모든 서류 절차를 마치고 여권에 비자 도장을 찍고 난 뒤, 작별 인사를 하며 다시 차에 올라탔다. 이민국 직원들도 잘 가라며 손을 흔들어 주었다. 신기한 트레일러 집을 구경하느라 분주했던 그들은 캐머런이 얼마를 소지했는지 확인하는 것조차 잊어버리고 말았다.

"외삼촌, 저 사람들이 소지한 돈을 보자는 얘기 안 했어요?" 에블린의 질문에 캐머런은 싱긋 웃으며 대꾸했다. "응, 묻지도 않았어. 하나님, 감사합니다! 왠지 신 나는 모험이 기다리고 있다는 생각이 드는 걸!"

캐머런의 차와 트레일러가 느린 속도로 팬아메리칸 하이웨이 고속도로를 달렸다. 거의 10km에 한 번씩은 공사장이 나타나서 수시로 멈춰 서야 했다. 마침내 타마준찰래 마을에 가까이 왔지만, 건설 공사 때문에 더는 앞으로 나갈 수가 없었다. 길 중간에 가로놓인 바위를 깨느라 공사장 인부들이 폭탄을 폭파시킨 탓이었다. 결국 길을 치울 때까지 기다리는 수밖에 다른 도리가 없었다.

다행히 그 지역의 한 선교사가 세 사람을 자기 집에 묵게 해주었다. 그러고 나서 일주일이 지나서야 몇 시간 동안만 차량 통행을 허락한다는 연락이 왔다. 다시 길을 떠날 수 있어 다행이었으나 그것도 오래가지는 않았다.

고개를 도는데 전면에 가파른 진흙 길이 나타났다. 그렇게 미끄러운 길을 나아가면 위험하다는 사실을 머리로는 인지했지만 다른 선택의 여지가 없었다. 멕시코시티에 이를 수 있는 다른 길은 없었다. 고갯길을 반 정도 올랐을 때, 캐머런이 몰던 차의 바퀴가 진흙 속에서 헛돌기 시작했다. 뒷거울로 보니 뒷바퀴에서 진흙이 튀어 오르고 있었다.

계속 차가 미끄러지고 통제가 불능해지자, 캐머런은 핸들을 힘껏 거머쥐었다. 그러나 차가 점차 기울어지면서 도로의 가장자리로 나아갔다. 그 옆은 곧바로 낭떠러지였다. 얼마 후 차의 오른쪽 뒷바퀴는 도로 밖을 벗어나 낭떠러지 위에 걸쳐 있는 꼴이 되었다.

캐머런 일행은 눈을 질끈 감은 채, 아래로 굴러 떨어질 것을 예상하고 기다렸다. 그러나 다행히 떨어지지는 않고 100m 높이의 절벽 위에 아슬아슬하게 걸쳐 있었다. 차가 절벽 아래로 떨어지지 않았다는 사실을 깨닫자마자, 캐머런은 엘비라와 에블린을 향해 재빨리 말했다. "최대한 조심해서 차 왼쪽 문을 통해 밖으로 나가, 어서!"

그의 목소리는 침착했으나 심장이 위축되는 기분이었다. 캐머런 역시 천천히 차 문을 열고 진흙 길로 나갔다. 그는 놀라서 얼굴이 백지장이 된 엘비라를 부둥켜안았다. 세 사람은 차에서 뒤로 물러선 뒤, 약간 떨어진 거리에서 기계로 땅을 고르고 있던 공사장 인부들을 간신히 설득하여 차를 안전한 도로 안쪽으로 끌어당기는 데 성공했다.

세 사람은 가던 길을 계속해서 달렸다. 그 후에도 몇 번이나 도로에서 미끄러지기는 했으나, 다행스럽게도 차가 절벽에 걸치는 불상사는 다시 발생되지 않았다.

호위 받으며 질주하는 트레일러

며칠 후 쌍둥이 화산 포포와 익스타가 눈에 들어왔다. 이에 캐머런은 멕시코시티가 가까워졌음을 알 수 있었다. 그들의 목적지인 코요아칸으로 가려면 멕시코시티의 혼잡한 도로를 통과해야 하는데, 과연 어마어마한 트레일러를 뒤에 매달고 시내 반대편까지 빠져나갈 수 있을지 의문이었다.

"교통이 막히기 전에 일단 여기에 차를 세워 두어야겠는 걸." 캐머런은 멕시코시티로 진입하기 전, 과달루페 마을이 있는 지역에 도착하자 엘비라에게 말했다. "트레일러의 연결 고리를 점검하고, 차에 휘발유도 더 채워 넣어야겠소. 교통이 복잡한 길 한가운데서 오가지도 못하게 되면 큰일이니까."

에블린은 차에서 내리는 캐머런에게 휘발유가 담긴 통 한 개를 건네주었다. "외삼촌, 휘발유가 세 통밖에 남지 않앉어요." 캐머런이 차의 엔진 뚜껑을 열고 휘발유를 넣으려고 하는 순간, 멕시코 경찰관 두 사람이 오토바이를 타고 가까이 다가왔다.

"무슨 문제가 있습니까, 선생님?" 키가 큰 경찰관이 캐머런에게 물었다.

"아닙니다. 차에 휘발유를 넣고 트레일러 연결 고리를 확인하던 중입니다. 시내로 들어갈 준비를 하는 거죠. 시내는 교통이 많이 막힙니까?"

교통 경찰관은 서로의 얼굴을 쳐다보더니, 다시 한 번 물었다. "당신은 미국인인가요?"

"네, 캘리포니아 사람이죠. 제가 여기에 온 이유는 인디언에게 그들의 고유 언어로 하나님 말씀을 읽도록 가르치기 위해서입니다."

이번에는 키 작은 경찰관이 환한 미소를 지으며 캐머런에게 영어로 이야기했다. "작년에 멕시코 사격 팀의 일원으로 당신네 나라를 방문할 기회가 있었습니다. 우리가 묵고 있는 마을의 경찰서장이 우리에게 커다란 친절을 베풀어 주었죠. 다른 미국인들도 아주 친절했고요. 제가 대접받은 것을 조금이라도 당신에게 보답할 수 있다면 좋겠습니다. 우리를 따라오시지요. 당신을 시내까지 호위하겠습니다."

"대단히 감사합니다." 그렇게 대꾸하면서도 캐머런은 경찰관이 무엇을 어떻게 하겠다는 것인지 도통 이해가 되지 않았다. 캐머런이 휘발유를 채운 뒤 차에 오르자, 두 경찰관이 미소 지었다. 차에 시동을 걸고 출발할 준비가 되었다는 신호로 경찰관에게 손을 흔들자, 경찰관들도 오토바이에 시동을 걸었다.

캐머런이 엘비라와 에블린에게 경찰관과 나눈 대화를 이야기하고 있을 때, 요란한 사이렌 소리가 울려 퍼졌다. 앞장 선 경찰관들이 캐머런에게 차를 몰고 가라는 신호를 보냈다. 캐머런은 두 대의 경찰 오토바이를 따라 육중한 트레일러를 매단 차를 몰았다. 그러자 도로를 질주하던 버스들이 한쪽으로 비켜나는가 하면, 자동차와 마차들이 그 자리에 우뚝 멈추어 섰고, 트럭들은 길가에 장사진을 치고 서 있었다. 캐머런은 새어 나오는 웃음을 참을 수가 없었다. 마치 모세가 홍해를 가르듯, 그는 멕시코시티의 복잡한 거리를 가르며 바람처럼 질주하고 있었다.

새로운 사역에의 담대한 도전

캐머런은 오래 고심한 끝에 마음의 결정을 내렸다. 지금부터 선교사가 아니라 현지 언어를 번역하는 언어학자로써 사역하기로 결심한 것이다. 만약 어떤 사람이 그에게 "어디서 보수를 받느냐"고 묻는다면, 교회에서 정식으로 후원금을 받는 게 아니라 친구나 가족들이 뒷받침해 준다고 말해야만 했다. 물론 그 뒷받침이 빈약하더라도 어쩔 수 없는 노릇이었다. 그 후 캐머런은 한 달 동안 그 지역에 있는 몇 개의 기독교 대학들을 찾아다니며, 최초의 여름 훈련 캠프에 참가할 학생들을 모집했다. 수업이 끝난 후 학생들에게 광고 전단을 나눠주기도 하고, 어떤 때에는 저녁까지 남아서 학생들의 질문에 대답해 주기도 했다. (161쪽)

캐머런의 관심은 하나님이 원하시는 일에 초점이 맞추어져 있었다. 자신이 무엇을 원하고 있는가는 중요하지 않았다. 그는 하나님의 뜻과 자신의 뜻을 일치시키려 노력했다. 그리하여 자신의 지식과 은사를 통해 '번역 사역'을 하기로 결심했다. 그는 잠시도 머뭇거리거나 주저하지 않았다. 하나님의 뜻을 확인하는 즉시 실행에 옮긴 것이다. 이처럼 그는 하나님이 원하시는 일이라면 그 무엇이라도 과감히 도전할 각오가 되어 있었다. 하나님과 친밀한 교제 가운데, 그분의 직접적인 인도를 받았기에 가능한 일이었다. 이처럼 그는 하나님으로 인하여 담대하게 사역을 감당할 수 있었다.

"사람이 마땅히 우리를 그리스도의 일꾼이요 하나님의 비밀을 맡은 자로 여길지어다 그리고 맡은 자들에게 구할 것은 충성이니라"(고전 4:1-2).

Chapter 7

테텔칭고 마을

만약 캐머런이 철저한 사전 계획을 세우고 왔더라도, 그 이상의 호기를 잡기는 어려웠을지 모른다. 그가 멕시코시티에 도착한 것과 동시에, 때마침 제7회 미 대륙 국가들 간의 학술대회가 2주 동안 개최되었다. 학술대회는 해마다 모든 중앙아메리카의 국가가 모여 국민들의 생활을 개선하기 위한 방안을 토론하는 모임이었다.

1935년에 열린 학술대회의 토론 주제는 '인디언 언어 사용을 어떻게 촉진할 것인가?'였다. 위클리프 캠프에 참석했던 참가자들이 나름대로의 실습 과제를 수행하기 위해 멕시코의 여러 지역으로 흩어지고 나자, 캐머런은 즉시 학술대회가 열리는 국립 미술관으로 달려갔다. 과테말라 대표는 물론이고 학술대회에 참석했던 사람들이 캐머런을 알아보고 다양한 공개 토론에 참석하도록 권유했다.

학술대회가 진행되는 동안 캐머런의 사역에 지대한 관심을 보이거나 지지하는 주요 인사들을 많이 만나게 되었다. 멕시코의 노동부 장관으로 재직하는 사람은 멕시코 언어학회의 설립자이며 총재이기도 했다. 또한 그 장관의 절친한 친구는 지방 교육청의 청장인 라파엘 라미레스였다. 두 사람은 학술대회에 참석한 다른 정보 요직에 있는 여러 사람에게 캐머런을 소개하고, 그의 사역을 적극적으로 칭찬해 주었다.

학술대회 마지막 날, 카르데나스(Cárdenas) 대통령이 대회장 앞에 나와 연설을 했다. 대통령의 연설을 듣던 캐머런은, 그가 취임 초기에 멕시코에서의 모든 선교 활동을 금지하던 때처럼 저돌적인 개혁가의 면모를 보이지 않는다고 생각했다. 오히려 진지하고도 신중하게 멕시코 국민들의 복지를 도모하는 사람이라는 인상을 받았다. 그는 멕시코 대통령으로서는 최초로 빈곤층 인디언의 복지 향상에 심혈을 기울인 덕에 '농민의 대통령'이라는 별명까지 얻었다.

작은 키에 검은 머리카락, 그리고 단정하게 손질한 콧수염을 가진 카르데나스 대통령은 멕시코인과 인디언 부모 사이에서 태어난 혼혈 인디언이었다. 캐머런은 개인적으로 대통령을 만나 대화를 나누고 싶었지만, 자신에게는 불가능한 일이란 사실을 잘 알았다. 학술대회에 참석한 사람들 중에 대통령과 이야기를 나눌 만한 주요 인사들이 수두룩했다. 그러니 어느 날 대통령이 직접 캐머런을 찾아오리라는 사실을 당시에 어찌 짐작할 수 있었겠는가!

시모파노틀리!

제7회 미 대륙 국가들 간의 학술대회는 막을 내렸다. 이제 캐머런에게는 새로운 도전거리가 생겼다. 멕시코시티에서 약 100km 벗어난 모렐로스라는 지역에는 아즈텍어를 사용하는 마을이 있다고 했다. 그곳은 고속도로에서 불과 2km도 떨어지지 않은 곳에 있었으나, 모렐로스에서 가장 가난한 마을이었다.

이에 한 정부 관리는 캐머런에게 흥미로운 제안을 했다. 그 마을에 가서 번역 사역을 한다면, 그들이 고유 언어로 성경을 갖게 됨으로써 삶에 어떤 변화가 일어나는지를 증명할 수 있는 좋은 기회가 되리라는 것이었다. 캐머런은 그 제안에 어떤 결정을 내리는 게 좋을지 엘비라와 에블린에게 의견을 물었다.

결국 그들은 멕시코 지도 한 장을 들고 모렐로스 지역의 테텔칭고라는 마을을 찾아냈다. 그 마을은 멕시코시티에서 남쪽으로 약 1km 정도 낮은 지역에 위치해 있었다. 이곳이라면 고도가 낮아 엘비라의 심장에도 무리가 가지 않을 것이다. 또한 고속도로에서 가까운 지점이므로 설사 위급 사태가 일어나더라도 재빨리 병원으로 달려갈 수도 있을 것이다. 모든 것이 완벽한 조건이었다. 캐머런은 다시 차에 휘발유를 채워 놓은 뒤, 트레일러를 끌고 길을 떠났다.

몇 시간이 지나서 캐머런은 육중한 트레일러를 단 뷰익 차에 제동을 걸었다. 테텔칭고 마을 중앙이 지저분하기는 했지만, 넓은 공터가 하나 있어 그 한쪽 끝에 차를 세웠다. 얼마 지나지 않아 신발을 거의 벗다시피 한 맨발의 꼬마들과 마을 어른들이 공터 주변으로 몰려들더니 캐머런의 차를 에워쌌다. 아이들이 킥킥거리며 뭔가를 가리켜 소리를 질러 대기도 했지만, 캐머런은 그 아이들의 말을 한마디도 알아들을 수가 없었다.

캐머런은 조심스럽게 차 문을 열고서 밖으로 나왔다. 그는 누군가 알아듣기를 바라면서 스페인어로 "읍장님을 만나고 싶습니다"라고 말했다.

그러자 멕시코 전통 옷을 입은 네모난 얼굴에 키 작은 남자가 앞으로 걸어 나왔다. 캐머런은 그의 허리춤에 총 한 자루가 달려 있는 것을 힐끗 보았다. "내가 읍장이요." 그가 유창한 스페인어로 대꾸했다.

캐머런은 환하게 웃음 지으며 자신을 소개한 뒤 악수를 청했다. "잠시 말씀드리고 싶은 것이 있습니다만, 그 전에 이 마을의 언어로 인사를 하려면 무엇이라고 해야 하는지 가르쳐 주시겠습니까?"

읍장은 잠시 어리둥절한 표정을 짓더니 이렇게 말했다. "시모파노틀리."

"시모파노틀리, 시모파노틀리…." 캐머런은 계속 그 말을 되풀이하며, 호주머니에서 작은 수첩을 꺼내 그 말을 적었다. 그리고 나서 그가 아이들을 향해 "시모파노틀리!" 하고 말하자, 아이들은 서로의 옆구리를 찌르며 킥킥거리기 시작했다. 읍장 역시 유쾌하게 웃으며 말했다. "낯선 사람이 이 마을에 들어와서 우리말로 인사를 하다니…. 거참, 오래 살고 볼 일이구먼. 내 이름은 마틴 멘데스(Martin Méndez)라고 하오. 여기는 무슨 일로 오셨소?"

어느 틈에 나타났는지 두 마리의 새끼 돼지가 주차해 놓은 트레일러 주위를 바쁘게 돌아다니는 모습이 보였다. "저는 아내와 여자 조카를 데리고 이 마을에 들어와서 살려고 합니다."

이에 읍장이 놀라는 표정을 지었다. "뭣 때문에 우리 마을에서 살겠다는 거요?"

"이 마을의 언어를 배워서 문자를 만들려고 합니다. 여기에 공식 문서가 있습니다. 보시지요."

캐머런은 차 안에 손을 넣어 가방을 꺼냈다. 그는 가방에서 몇몇 정부 관리가 써 준 소개장을 꺼내어 보여 주며 말을 덧붙였다. "읍장님은 스페인어를 아주 잘하시는군요."

이에 마틴 멘데스가 고개를 끄덕였다. "고맙수. 사실 우리 마을에서 스페인어를 좀 할 줄 아는 사람은 나밖에 없지. 나는 사파타 군대에서 11년 동안 근무했는데, 그때 스페인어를 배웠다우. 그 덕에 지금도 가끔 사용할 수 있으니 다행이지 뭐요." 그는 캐머런이 내민 소개장을 자세히 들여다보았다.

"이렇게 누추한 마을에 들어와 살겠다니 얼마든지 환영이오. 그럼, 당신들은 저 바퀴 달린 집에서 살 작정이오?"

"네, 그렇습니다. 도착하는 즉시 바로 일을 시작할 수 있도록 미국에서부터 여기까지 끌고 왔습니다."

"그렇다면 저쪽 나무 아래에 세워 두는 게 좋을 거요. 거기가 공동 샘물도 가깝고, 또 마을 사람들이 언제든 찾아가서 언어 배우는 일을 도울 수 있을 테니까."

"고맙습니다. 읍장님도 저희 집에 자주 방문해 주시면 좋겠습니다."

마틴 멘데스는 약간 고개를 숙이며 인사를 하고 나서, 아이들을 향해 뭐라고 소리를 질렀다. 그러자 아이들이 재빨리 차 주위에서 물러났다. 캐머런은 차에 들어가 시동을 건 뒤, 트레일러를 끌고 읍장이 가리킨 방향대로 가서 공터 가장자리에 있는 나무 밑에 차를 세웠다.

엘비라와 에블린은 차에서 내려 트레일러의 연결 고리를 떼고 안에 들어가 물건들을 정리했다. 트레일러 창밖으로 사람들의 까만 눈동자들이 연신 기웃거렸다. 캐머런은 속으로 '읍장의 말이 틀림없군. 여기에 있으면 사람이 없어 심심할 틈은 없겠는데' 하고 생각했다.

놀라운 변화들

트레일러 집은 곧 그 마을의 명물이 되었다. 도대체 외국인들이 무엇을 하는지 엿보려는 호기심 어린 발길들이 끊이지 않았다. 그들은 특히 캐머런 가족이 칫솔로 이를 닦는 모습을 신기한 눈으로 바라보았다. 난생 처음 보는 장면이기 때문이었다.

테텔칭고 마을에서의 삶도 어느새 자리를 잡았다. 엘비라는 여전히 건강이 좋지 않아, 대부분 시간을 침대에 누워 책을 읽거나 트레일러의 의자에서 편지를 썼다. 에블린은 외숙모를 간호하고 요리를 했으며, 캐머런이 하는 일을 힘껏 도왔다. 무엇보다 그날그날 무엇을 요리해 먹을지가 가장 어려운 문제였다.

그 마을 인디언의 주식은 옥수수 빵과 고추와 몇 가지의 콩이 전부였다. 고기로는 벌레나 올챙이를 잡아 날로 먹거나 기름에 튀겨 먹었다. 엘비라와 에블린은 그런 고기에 질색을 했지만, 캐머런은 가게 주인들이나 장사꾼들과 친해지기 위해 벌레나 올챙이 고기도 마다하지 않고 먹었다.

우선 마을 읍장과 가까워져야 할 필요가 있었다. 아즈텍어를 스페인어로 통역해 줄 수 있는 사람은 그 마을에서 읍장이 유일했기 때문이다. 읍장 역시 캐머런과 친구가 되고 싶어 했다. 테텔칭고는 아주 작은 마을이었기 때문에 그는 지루하고 따분할 때마다 외부 사람을 만나고 싶어 했었다.

읍장은 아침만 먹으면 캐머런의 집으로 놀러 왔다. 그 덕에 마틴 멘데스의 사생활에 대해서도 많은 것을 알게 되었다. 그는 결코 행복한 사람이 아니었다. 지난 몇 년 동안 그를 거쳐 간 여자들만 해도 무려 28명이나 되었다. 그러나 모두 하나같이 그를 떠나 버렸다. 불처럼 격렬한 그의 성격 때문이었다. 그는 가는 곳마다 권총을 지니고 다녔는데, 읍장 일을 하면서 불공평한 결정을 내린 탓에 여러 사람으로부터 미움을 받고 있었기 때문이었다.

캐머런은 읍장으로부터 아즈텍어를 배우는 동시에, 아침마다 스페인어 신약성경을 조금씩 읽어 주었다. 얼마 뒤 읍장은 신약성경 한 권을 얻을 수 있느냐고 물었다. 캐머런이 기다렸다는 듯이 한 권 선물하자, 그는 읍사무소 건물 계단에 앉아 성경을 큰 소리로 읽어 대었다. 읍장은 그 소리를 듣고 몰려드는 마을 사람들을 위해 한 단락은 스페인어로 읽고, 그 의미를 아즈텍어로 통역해 주었다. 어떤 날에는 그런 식으로 두세 시간 동안 성경을 읽기도 했다.

신약성경을 받은 지 몇 주가 지났을 때, 읍장이 캐머런을 찾아와 말했다. "돈 기예르모, 참 희한하기도 하지…. 왠지 전에 하던 일들을 하기가 싫으니 말이요. 그 전에는 거짓말도 밥 먹듯 했는데, 성경을 읽고 나서는 그렇게 안 되더라고…. 이전처럼 술에 취해서 여편네를 두들겨 패던 것도 그만두게 되고…. 도대체 내가 왜 이렇게 되었는지 설명 좀 해보시오."

캐머런의 입가에 미소가 떠올랐다. "읍장님이 읽은 책에 보면 하나님이 사람들의 마음을 변화시키는 이야기가 나오지 않습니까? 분명 하나님이 읍장님의 마음속에서도 동일한 일을 하셨나 봅니다. 계속 성경을 읽으십시오."

일주일 후, 읍장이 다시 캐머런을 찾아왔다. "이젠 아예 차고 다니던 총을 치워 버리기로 했소, 돈 기예르모. 총 대신에 성경을 세 권 사서, 나를 죽이려고 작정한 녀석들에게 보낼 참이라오. 이 책이 당신들을 용서하도록 만들었으니 한 번 읽어 보고 나를 용서할 수 있는지 말해 달라고 할 생각이오. 전처럼 누굴 총으로 쏘겠다는 마음이 싹 사라져 버렸으니 나도 어지간히 달라진 것 같군. 안 그렇소?"

그것은 캐머런이 바라던 것 이상의 변화였다. 읍장이 그리스도인이 되어 신약성경을 읽으며 마을 사람들에게 그 의미를 설명해 주는 모습이야말로 그가 바라던 바였으나, 그 결과가 이 정도로 빨리 나타나리라고는 캐머런도 미처 예상하지 못했다.

또 다른 변화가 테텔칭고 마을에 일어나고 있었다. 농장에서 자라난 캐머런은 인디언이 재배하는 야채 종류가 너무도 빈약하다는 사실이 안타까웠다. 그 고장의 기후에 알맞는 다양한 야채들을 마을 사람들에게 소개하여 재배하도록 돕고 싶었다.

마을 중앙의 공터가 새로운 야채를 시범적으로 재배하기에 적절한 장소였다. 단, 그 장소에는 한 가지 문제가 있었다. 지난 몇 년 동안 흙을 퍼다 벽돌을 만드는 바람에, 공터 위에 덮인 흙이 얼마 남아 있지 않았다. 그리하여 마을 사람들이 새로 기름진 흙을 만드는 일에 우선적으로 동참하도록 만들었다.

먼저 돼지와 박쥐의 똥거름을 수천 번씩 양동이로 옮겨 나르고, 그 위에 나뭇재를 섞었다. 그러고 나서 물을 대기 위한 간단한 용수로 시설을 설치했다. 기름진 흙과 용수로가 완성되자, 캐머런은 차를 몰고 멕시코시티로 가서 농작물의 씨앗을 구입했다. 캐머런이 가져온 상추, 홍당무, 셀러리, 무, 비트의 씨앗은 그 마을 사람들이 이제껏 한 번도 구경하지 못한 것들이었다.

라파엘 라미레스 지방 교육청장도 캐머런에게 오렌지와 레몬 묘목을 보내 주었다. 이내 마을 공터는 푸른 야채밭으로 바뀌었다. 사람들은 야채밭 사이를 신기한 듯이 걸어 다니며, 그곳에서 자라는 여러 가지 희한한 야채 이름들을 서로 알아맞혔다. 그들은 과연 그 야채가 어떤 맛을 낼지를 상상하며 즐거워했다.

섬기러 온 것처럼

어느덧 농작물을 수확할 시기가 되었다. 캐머런은 학교에 다니는 아이들을 데리고 가서, 무를 어떻게 뽑고 상추를 어떤 식으로 잘라야 하는지 상세히 설명해 주었다. 또한 새로운 야채들을 어떤 식으로 요리해 먹어야 하는지도 자세히 설명해 주며, 수확된 야채들을 아이들 각자에게 한 아름씩 들려 보냈다.

얼마 지나자 이번에는 어른들이 캐머런을 찾아와, 그런 야채들을 자신들이 직접 키울 수 있도록 재배법을 알려 달라고 말했다. 마을 사람들이 재배할 수 있는 농작물들이 아직도 많이 있었기에, 캐머런은 그런 작물들의 이름을 적어 보았다. 그러는 사이 마을 사람들의 필요와 요구들이 점점 늘어나기 시작했다.

1935년 10월, 캐머런이 멕시코시티에 가서 정부에 제출할 목록은 다음과 같았다.

(1) 사육용 소

(2) 공중 화장실을 지을 목재들

(3) 길가에 심을 500그루의 가로수

(4) 대규모 용수로를 건설하기 위한 파이프

(5) 지역 상점들이 더 다양한 상품을 구비하도록 지원하는 보조금

(6) 《아즈텍어-스페인어 초본》을 발간하여, 모든 연령이 고유 언어를 배울 수 있게 할 것

(7) 지정된 의사 한 사람이 마을에 정기적으로 왕진을 오도록 하고, 가난한 사람에게는 진료비를 무료로 할 것

《아즈텍어-스페인어 초본》은 그동안 캐머런이 언어를 문자화하여 집필한 것이었다. 그가 마지막으로 목록에 추가한 사항은 '(8) 어린이들을 위한 수영장'이었다.

캐머런은 자신의 뷰익 차에 올라 또다시 멕시코시티로 갔다. 그는 밭에서 재배한 푸르고 싱싱한 상추들을 차에 잔뜩 실었다. 관청에서 만나는 사람들에게 그 상추를 선사하여, 인디언이 약간의 외부 도움과 지식만 있으면 얼마나 훌륭하게 작물을 재배할 수 있는지를 증명하는 결과물로 보여 주기 위해서였다.

캐머런은 멕시코시티에서 많은 정부 관리를 만났다. 모두가 캐머런의 이야기를 듣고 적이 놀라워했다. 목록에 적은 모든 요구 사항이 즉시 수용되지는 않았지만, 지방 교육청의 새로운 청장이 된 사모라(Zamora) 영어 교수로부터 테텔칭고 마을을 방문하여 마을의 발전 사항을 확인하겠다는 약속을 직접 받아 내었다.

1936년 1월 초, 중요한 방문객 한 사람이 정말로 테텔칭고 마을을 찾아왔다. 캐머런이 밭에서 잡초를 뽑고 있을 때였다. 아이들은 신이 나서 소리를 지르고, 마을의 개들은 합창이라도 하듯 일제히 짖어 대었다. 캐머런은 소매로 이마에 흐르는 땀을 닦으며, 무슨 일인지 보려고 완두콩 밭에서 걸어 나왔다.

멀리서 두 대의 검은색 리무진이 멈추어 서는 모습이 보였다. 그 마을이 생긴 이래 처음 들어오는 리무진이었다. 운전사가 문을 열고 나오더니 공손히 뒷문을 열었다. 그때 뒷좌석에서 검은색 양복을 입은 한 남자가 나왔다. 캐머런은 깜짝 놀라서 입을 다물지 못한 채 그 자리에 붙박인 듯 서 있었다. 그는 바로 멕시코 대통령 카르데나스였다!

몰려드는 마을 사람들에게 손을 흔드는 대통령의 모습을 캐머런은 멍하니 지켜보았다. 도대체 멕시코의 대통령이 이런 가난한 마을에 무엇을 하러 온 것일까? 몇 분 후 카르데나스 대통령의 시선이 캐머런에게 머물렀다. "부에노스 디아스, 세뇨르 프레지던트." 캐머런은 서둘러 대통령 앞으로 나아가 인사를 한 후에 악수를 했다.

대통령도 미소를 지으며 "부에노스 디아스, 세뇨르 타운센드" 하고 대꾸했다. 방금 들은 말이 캐머런의 머릿속에서 맴돌았다. '세뇨르 타운센드?' 그렇다면 대통령이 자신의 이름을 알고 있단 말인가?

"타운센드 씨가 벌인 훌륭한 사업에 대한 글을 읽었소. 그래서 직접 확인하고 싶어 온 것이오. 먼저 마을 사람들에게 몇 마디 이야기를 해야겠소."

처음에는 매우 놀라서 무슨 말을 해야 할지 당황이 되었다. 그러나 잠시 후 그는 정신을 차리고 기쁜 음성으로 말했다. "잘 오셨습니다, 대통령 각하! 누추하지만 제가 사는 트레일러에 오셔서 우리가 하는 일들을 보신다면 영광이겠습니다."

카르데나스 대통령은 마을 사람들에게 몇 마디를 한 후에 캐머런과 나란히 트레일러 집으로 걸어갔다. 두 사람은 대나무 밑 그늘에 무명천으로 차양을 쳐 놓은 곳에서 마주 앉아 이야기를 주고받았다. 대통령은 캐머런이 완성한 《아즈텍어-스페인어 초본》을 보고 캐머런의 사역에 호기심을 갖게 되었다고 설명하며 "테텔칭고 마을을 찾아가서 인디언이 이룩한 일들을 내 두 눈으로 직접 확인하고 싶어서 왔소"라고 말했다.

캐머런은 그동안 배우고 기록한 아즈텍어 노트를 대통령에게 보여 주었다. 대통령은 그에게 많은 것을 질문했다. 그의 질문은 언어학자나 물을 법한 전문적이고도 진지한 내용이었다. 캐머런이 "문자가 없는 멕시코 외딴 지역의 약 500개 부족을 위해 앞으로 더 많은 번역가를 모집할 계획입니다"라고 말하자, 대통령은 화제를 돌려 다른 것들을 물어보았다.

"밖에 보이는 야채 밭을 일군 사람들은 누구인가? 번역가들이 농작물 재배도 하는가?"

캐머런은 고개를 끄덕였다. "그렇습니다, 대통령 각하. 예수님이 섬김을 받으러 온 것이 아니라 섬기러 오신 것처럼, 이 나라에 들어와서 일하는 모든 번역가도 사람들을 섬기고 도와줄 것입니다."

카르데나스 대통령은 감탄스런 표정을 지으며 캐머런의 어깨를 가볍게 두드렸다. "멕시코가 필요로 하는 것이 바로 그거요. 부디 더 많은 번역가를 이 나라에 보내 주시오." 세

련된 검은색 리무진이 먼지 나는 도로를 지나 멀리 사라진 후에도 캐머런의 머릿속에는 대통령이 남긴 한마디가 맴돌았다. "부디 더 많은 번역가를 이 나라에 보내 주시오." 그것은 바로 캐머런이 소원하는 일이었다.

캐머런 아저씨

1936년 7월, 캐머런 타운센드는 둥글게 모여 앉은 젊은이들을 둘러보았다. 세 번째 열리는 위클리프 캠프의 첫날이었다. 장소는 이전과 동일하게 아칸소의 설퍼 스프링스였다. 통나무에 앉아 있는 참가자들은 전부 18명이었다. 14명은 실습까지 마칠 정식 참가자였고, 나머지 4명은 일부 프로그램만 참석하기로 한 사람들이었다. 켄 파이크 옆에는 그의 여동생이자 간호사인 유니스 파이크(Eunice Pike)가 미소를 띤 채 앉아 있고, 그 옆에는 플로렌스 한센(Florence Hansen)이 앉아 있었다. 날씬한 금발의 여성 플로렌스는 로스앤젤레스의 캘리포니아 대학을 갓 나온 졸업생이었다.

독신 여성을 캠프에 참여시키는 문제로 캐머런은 레너드 렉터스와 한바탕 논쟁을 벌여야 했다. 레너드는 유니스와 플로렌스가 위클리프 캠프에 제출한 신청서를 본 뒤 고개를 가로저었다. 독신 여성이 고립된 멕시코 부족 마을에 들어가 살며 일하겠다고 자원을 하다니 매우 뜻밖이었다. 레너드의 소견에 그런 일은 남자들이나 할 일이었으므로 여성 신청자들을 받지 말라고 캐머런에게 당부했다. 하지만 캐머런의 의견은 달랐다. 위클리프 캠프의 궁극적인 목적 중 하나가 열악한 환경에 적응하지 못할 사람을 포기하게 만드는 것이 아닌가? 그렇다면 일단 여성들에게도 도전의 기회를 주어야 한다고 주장했다.

캠프 첫날, 캐머런은 테텔칭고 마을에 일어난 변화에 대해 참가자들에게 이야기했다. 마틴 멘데스 읍장의 사진을 보여 주며 그가 '문제의 성경' 때문에 이전에 즐기던 나쁜 소행을 못하게 되었다고 볼멘소리를 하던 이야기와 라소로 카르데나스 대통령이 어느 날 느닷없이 마을을 방문하여 캐머런에게 더 많은 번역가를 멕시코에 보내 달라고 부탁한 이야기를 들려주었다.

마지막으로 대통령이 인디언을 돕기 위해 얼마나 많은 호의를 베풀어 주었는지도 이야기했다. 카르데나스 대통령이 다녀간 지 일주일 후에 정부에서 보낸 일련의 트럭들이 테텔칭고 마을의 먼지 나는 도로를 부지런히 오갔다. 첫째 트럭에는 개화한 과실수 묘목들이 들어 있었고, 둘째 트럭에는 순수 혈통의 돼지들이, 셋째 트럭에는 몸집 큰 황소와 암소들이 실려 있었다. 그 마을 소들의 혈통을 개량하기 위해서였다.

계속해서 캐머런은 카르데나스 대통령의 개인적인 관심이 단순히 그의 사역에만 머물지 않았다고 말을 이었다. 실제로 그의 관심은 묘실수와 가축을 보내는 정도에 그치지 않았다. 라디노 사람들이 소유한 테텔칭고 주변의 $3km^2$에 이르는 비옥한 지대를 구입하여, 인디언에게 작물 재배용으로 분배해 주었다. 그 땅의 일부에는 새로운 학교를 지을 예정이었다. 멕시코시티 대학의 농업가들이 테텔칭고 마을에 와서 더 효과적인 작물 재배법을 가르쳤으며, 새로운 용수로 시설도 만들어졌다. 발전기 한 대와 땅을 경작할 간단한 장비들도 헌납되었으며, 마을의 각 가정마다 전선을 연결하여 전기도 들어왔다.

대통령의 영부인 역시 관심을 갖고 아이들을 위해 옷들을 보내 주거나, 옷을 만들 재봉틀을 보내 주기도 했다. 또한 놀이터도 만들어졌다. 정부에서는 테텔칭고 마을과 팬아메리칸 하이웨이를 측량하여 새로운 도로를 건설할 계획을 세웠다. 현대적인 도로가 생기면 인디언이 재배한 작물을 멕시코시티로 가져가서 팔 수 있게 될 것이었다.

통나무 위에 앉아 있던 캠프 참석자들은 캐머런의 이야기를 들으며 환호성을 질렀다. 멕시코의 정책이 바뀌도록 기도한 것은 작년에 실시된 제2기 캠프 때였다. 그 후 불과 1년 만에 얼마나 놀라운 변화가 일어났는가!

위클리프 캠프의 모든 일정이 순조롭게 진행되었다. 작년 캠프에 참가했던 켄 파이크가 이번에는 강사가 되어 참가자들을 가르쳤다. 레너드 렉터스는 켄을 강사로 세우는 것을 미덥지 않게 생각했다. 그의 나이는 이십 대 초반이었는데, 외모는 그보다도 더 어려 보였다. 그러나 켄 파이크에게서 언어학자로서의 무한한 가능성을 본 캐머런은 그에게 기회를 주기로 했다. 재미있게도 캠프에서 가장 인기를 끈 강사는 켄 파이크였다. 그가 멕시코 마을의 외딴 지역에서 직접 체험한 삶의 이야기들이 사람들에게 흥미와 감동을 자아낸 것이었다. 결국 켄 파이크는 지식 있고 유능한 강사임을 몸소 증명한 셈이었다.

유니스와 플로렌스도 다른 남성들 못지않은 능력을 발휘했다. 따라서 그들을 멕시코 사역에 동참시키지 않을 이유가 없어 보였다. 그러나 이번에는 캐머런의 조카 에블린이 멕시코 여정에 동행할 수 없게 되었다. 학업을 마치기 위해 대학으로 돌아갔기 때문이다. 이에 또 다른 조카인 에델 매

스퀴어스(Ethel Mae Squires)가 엘비라를 돌보기 위해 따라나섰다. 캠프에 온 모든 참가자는 캐머런을 '아저씨'라고 불렀다. 그 뒤부터 캐머런은 어디를 가든 각국의 많은 사람에게 주로 '캐머런 아저씨'라는 호칭으로 통했다.

캠프에 참가한 모든 사람은 스스로를 위클리프 성경 번역가라고 불렀지만, 그 명칭에는 문제가 있었다. 지난해 캠프 훈련을 받았던 빌 세다트는 과테말라로 입국하는 데 큰 어려움을 겪었다. 이민국에서는 빌에게 어느 교육 단체에서 파송을 받았느냐고 물었다. 이민국은 '위클리프 성경 번역회'라는 명칭을 듣고 나서, 파송 단체의 공식 추천서를 요구했다. 물론 그런 추천서가 있을 리 만무했다. 빌이 캐머런에게 그런 상황을 편지로 알려 주자, 캐머런으로서는 고민하지 않을 수 없었다.

제3기 위클리프 캠프가 열릴 즈음, 캐머런은 정식 파송 단체를 조직해야 한다는 결론에 도달했다. 비록 캐머런에게 선교 사역과 번역 일은 동일한 것이었지만, 지금까지 캐머런이 여러 외국 나라를 접할 수 있었던 연결점이 된 것은 선교 사역보다는 번역 일이었다. 따라서 그는 단체 이름을 '하계 언어학 연구소'(Summer Institute of Linguistics)라고 짓기로 했다. 이는 훨씬 공식적인 이름으로 느껴졌다. 또한 참가자들도 그 이름을 마음에 들어 했다. 이에 그 첫 자를 따서 'SIL'이라는 약칭으로 불리는 단체가 탄생했다.

단체에는 위원회가 있어야 했기에 켄 파이크, 브레이너드 렉터스, 맥스 라스롭, 유진 나이다가 위원으로 조직이 되었다. 제3기 학생 유진 나이다를 제외한 나머지는 제2기 수료자들이었다. 물론 캐머런이 총재가 되기로 했으나, 총재 단독으로 결정권을 행사해서는 안 된다고 스스로 주장했다. 즉, 최종 결정권을 위원회에 넘기자는 것이었다. 캐머런을 아는 사람들은 총재가 최종 결정권을 가져야 한다고 충고했으나, 그는 자신의 주장을 굽히지 않았다. 하계 언어학 연구소가 한 사람에 의해 돌아가는 단체가 되지 않고 소속된 모든 사람이 힘써 일하며, 어떤 상황에서도 모두가 자신의 목소리를 낼 수 있어야 한다고 강조했다.

대통령의 특별한 배려들

1936년 가을, 번역 선교사 후보생들은 두 개의 차에 나눠 타고 멕시코시티에 도착했다. 캐머런은 그들을 위해 아파트 한 채를 세내었다. 그들이 도착한 다음 날, 거창한 차 한 대가 아파트 건물 앞에 서더니 운전사가 차에서 내렸다. 그가 캐머런에게 건네준 것은 카르데나스 대통령의 초청장이었다. 캐머런은 봉투를 뜯고 안에 들어 있는 카드를 꺼내 읽었다. 캐머런이 번역 선교사들을 이끌고 멕시코에 도착했다는 이야기를 듣고, 대통령이 그들을 위해 오찬 간담회를 열어 초대한 것이었다. 오찬 간담회는 그날 오후 3시에 시작될 예정이었다.

캐머런 일행은 준비를 하느라 법석을 떨었다. 각자 제일 좋은 옷을 가방에서 꺼내 다림질을 하고, 엘비라는 멕시코 대통령을 접견했을 때를 위해 올바른 예절법을 가르치는 즉석 강좌를 펼쳤다. 오후 두시 반이 되어 캐머런, 엘비라, 에델, 그리고 10명의 번역가 후보생이 모든 준비를 끝내고 기다리고 있을 때, 아파트 밖에 커다란 대통령 전용 리무진이 도착했다. 곧 베테타(Beteta) 대통령 비서관이 차에서 내려 캐머런 일행에게 인사를 하고 난 뒤 차에 올라탔다.

그들이 탄 리무진이 멕시코시티의 거리를 지나 변두리의 언덕을 질주했다. 계속 언덕을 올라서 그들이 도착한 곳은, 한때 프랑스 황제 막스밀리언(Maxmilian)의 웅장한 저택이었던 차풀테펙 성이었다. 오찬이 시작되기에 앞서 베테타 비서관이 그들에게 성 이곳저곳을 안내해 주었다.

드디어 오찬을 알리는 종이 울렸고, 캐머런 일행은 식당으로 안내되었다. 과거에 왕족과 귀족들이 식사를 하던 고풍스런 식당이었다. 식당의 중앙에는 카르데나스 대통령이 서 있었는데, 캐머런을 보자 마치 오랜만에 만난 친형제처럼 반갑고 따뜻하게 인사와 포옹을 했다. 캐머런도 대통령과 인사를 나눈 후에 함께 온 일행을 소개했다. 번역 선교사 후보생들은 한 사람씩 앞으로 나가 자신을 소개하고 대통령과 악수를 나누었다. 그 후에 대통령도 합석한 정부 관리들을 그들에게 소개했다. 미초아칸 주의 주지사와 킨타나로오의 시장이 오찬에 함께 초대를 받아 합석했다.

공식 소개를 모두 마친 대통령은 모두 자리에 앉도록 권하면서, 캐머런은 자신의 오른쪽에 엘비라는 왼쪽에 앉도록 했다. 아홉 가지 일품요리가 나오는 오찬은 두 시간 동안 진행되었다. 대통령은 거의 두 시간 내내 캐머런과 이야기를 나누었다. 번역 선교사들에 대해 묻기도 하고, 멕시코에서 어떤 사역을 계획하는지도 물었다.

캐머런은 언제나처럼 솔직하게 답변했다. 그들이 하고자 하는 번역 사역은 결국 성경을 번역하기 위한 기초 작업이라고 설명했다. 아울러 그들이 들어가서 일하는 인디언 마을의 발전과 개선을 위해, 어떠한 일도 마다하지 않고 힘쓸 것이라고 덧붙였다.

캐머런은 이따금 화려한 꽃으로 장식된 긴 식탁을 향해 시선을 돌리며 자신의 일행을 바라보았다. 혹시 대통령이 눈치 챘을지 모르지만, 그들이 얼마나 정신없이 음식들을 먹어 치우는지 속으로 웃음이 나왔다. 미국에서 오는 도중 과일, 우유, 빵 등의 간단한 음식으로 끼니를 때운 그들이었지만, 맛있는 요리들을 보자 모두 정신없이 먹는 일에 열중하고 있었다. 두 시간 동안 요리들이 쉬지 않고 나왔고 대통령의 질문도 끊일 사이가 없었다.

오찬이 거의 끝날 무렵, 카르데나스 대통령이 캐머런을 향해 나지막하게 말했다. "우리 정부에서는 당신들을 적극적으로 도와줄 계획이오." 그는 제일 깡마른 월터 밀러(Walter Miller)라는 학생을 힐끗 쳐다본 후에 "멕시코에서 생활할 만한 재정은 충분하시오?"라고 물었다.

캐머런은 잠시 동안 무어라 대답을 해야 할지 망설였다. 거짓말을 할 수는 없었다. 그저 솔직하게 대답해도 그들의 사역에 지장이 없기를 바라는 마음뿐이었다. "두 사람은 미국의 친구들과 가족들이 후원을 해주겠다고 약속했지만, 나머지 여덟 사람은 그렇지 못합니다."

카르데나스 대통령이 눈을 빛내며 대꾸했다. "그렇다면 지금 당장 우리가 도울 일이 생긴 셈이군. 여덟 사람에게는 이곳의 지방 교사 수준의 보수를 지불하도록 조처하겠소."

캐머런은 할 말을 잃었다. 혹시라도 대통령이 그들의 사역에 대해 일말의 불신이라도 있는 건 아닌지 은근히 염려했던 마음이 그 말 한마디에 완전히 사라지고 말았다.

대통령이 다시 말을 이었다. "그리고 내 아내도 당신들의 사역에 큰 관심을 갖고 있소. 오늘은 볼일이 있어 조찬에 참석하지 못했지만, 만약 당신의 부인과 아름다운 아가씨들이 내 아내를 방문하고 싶다면 얼마든지 환영이오. 물론 내 차를 보내 주겠소."

"고맙습니다, 대통령 각하. 몹시 큰 호의를 베풀어 주셔서 어떻게 감사의 말씀을 드려야 할지 모르겠습니다. 저희가 최선을 다해 일을 해서, 각하가 저희에게 보여 주신 신뢰에 반드시 보답하도록 하겠습니다."

베테타 비서관이 캐머런 일행을 차에 태워 집으로 데려다 준 시각은 저녁 일곱 시가 다 되었을 때였다. 모두 다 몹시 배가 불러 제대로 움직이지도 못했지만, 캐머런은 대통령과 이야기를 나누느라 음식은 거의 먹지도 못했다. 대통령이 그들에게 보수를 주기로 했다는 이야기를 전하자 모두 감격에 찬 탄성을 질렀다. 얼마 있어 그들은 멕시코의 각 시골 마을에 있는 각자의 사역지를 향해 흩어졌다.

새롭게 번역 선교에 동참한 2명의 독신 여성은 화제의 쟁점이 되었다. 두 사람은 와사카에 있는 마사텍 마을에 들어가서 일하기를 희망했으나, 그 이야기를 전해 들은 멕시코시티의 다른 선교사들이 펄쩍 뛰었다. 멕시코의 노장 선교사인 노먼 테일러(Norman Taylor) 씨가 캐머런을 찾아와서, 독신 여성들을 마사텍 마을에 보내는 방안을 재고하라고 충고했다. 그는 아직 남자 선교사도 발을 디딘 적 없는 외딴 지역에 경험도 없는 이십 대 초반의 여성을 보낸다는 것은 있을 수 없는 일이라고 말했다.

노먼 선교사 자신도 그 지역에 들어간 적이 있었는데, 그곳은 살인 비율이 상당히 높은 장소라고 했다. 그의 충고를 듣고 마음이 흔들린 캐머런이 유니스 파이크와 플로렌스 한센을 만나 직접 이야기를 나누었다. 아무래도 마사텍에 가서 사역하는 문제를 재고해야겠다는 캐머런의 이야기를 듣고서, 유니스와 플로렌스는 무슨 뚱딴지같은 소리냐는 표정을 지었다. "하지만 캐머런 아저씨, 하나님이 우리를 보호하실 거라고 믿지 않으세요?"

그 질문에는 캐머런도 대답할 말이 없었다. "너희에게 그런 믿음이 있다면 나도 뭐라고 할 수 없지. 그럼 얼른 가거라." 그리하여 최초의 여성 번역 선교사 후보들이 인디언 마을을 향해 떠났다. 켄 파이크가 여동생 유니스와 플로렌스 한센을 데리고 마을까지 동행해 주었다. 결혼한 브레이너드는 아내 엘바와 함께 유카탄 반도에 사는 마야 종족에게로 갔고, 월터 밀러와 그의 아내 베라는 기차를 타고 믹세 종족에게로 들어갔다. 리치먼드 맥키니는 메스키트 계곡에 사는 오토미스 종족에게로, 유진 나이다는 버스를 타고 마드레 산맥을 지나 타라우마라 종족에게로 갔다. 또한 랜디스 크리스티안센(Christiansen)은 푸에블라 산맥을 걸어서 또또낙 부족에게로 들어갔다.

캠프 참가자들이 모두 떠나고 나자, 캐머런 부부는 여조카 에델 매와 함께 테텔칭고 마을로 돌아가서 몇 년 동안 성경 번역과 지역 개발 사역을 계속했다.

새로운 목표를 품고

1941년 10월, 캐머런과 엘비라는 라스롭 부부를 방문했다. 라스롭 부부는 멕시코시티에서 서쪽으로 약 300km 떨어진 파츠쿠아로 호수 주변에 살고 있었다. 어느 날 아침, 캐머런은 여느 때처럼 아침 일찍 일어나 성경을 읽었다. 호수 위로 태양이 떠오르고, 어부들이 카누를 저어 깊고 푸른 호수에 그물을 던지고 있었다. 캐머런은 현관에 앉아 그림처럼 아름다운 장면들을 바라보며, 방금 읽은 마태복음 4장의 말씀을 되새겼다.

예수님이 갈릴리 호수에서 고기 잡는 어부들을 바라보다 제자들을 향해 "나를 따라 오너라. 내가 너희로 사람을 낚는 어부가 되게 하리라."라고 말씀하시는 장면이었다. 아직까지 자신의 언어로 번역된 성경을 단 한 문장도 갖고 있지 않은 수백만의 사람들을 떠올리자, 캐머런의 가슴에서 뭔가 뜨거운 것이 뭉클 솟아올랐다. 나를 따라오라는 예수님의 말씀을 듣지도 읽지도 못한다면, 어떻게 그 많은 사람이 주님을 믿을 수 있겠는가?

규칙적으로 그물을 걷어 올리는 어부들을 지켜보면서, 캐머런은 지금이야말로 자신의 노력을 배가해야 할 때라는 생각이 들었다. 그는 종이 한 장을 꺼내어, 현재 멕시코의 여러 지역에서 사역하는 위클리프 캠프 출신의 선교사 44명에게 보낼 편지 초안을 작성했다. "여러분 각자가 주님 앞에서 책임지고 한 개의 새로운 언어로 성경을 번역할 수 있겠습니까?" 아울러 그는 1년 안에 50명의 선교사 후보생을 모집하는 것이 자신의 목표라는 말도 덧붙였다.

편지를 완성하고 난 캐머런은 집으로 들어와 자신의 새

로운 목표를 엘비라에게 이야기했다. 언제나처럼 엘비라는 캐머런의 원대한 계획을 이룰 현실적인 세부 사항들을 꼬치꼬치 캐물었다. 선교사 후보생들이 어디에서 후원금을 조달받을 수 있겠는가? 누가 후원금 모집에 나설 것인가? 그들을 어디에서 훈련한단 말인가? 오자크 산의 비좁은 훈련 장소로는 그렇게 많은 사람을 훈련하기가 불가능했다.

캐머런은 좋은 질문이라고 동의하며, 자신이 미국으로 돌아가 그해 하계 언어학 연구소 사역에 합류할 50명의 후보생 모집 준비를 하는 것이 가장 좋겠다는 결론을 내렸다. 캐머런이 멕시코를 떠나기에는 시기적으로도 적절했다.

딕 피트먼(Dick Pittmann)과 그의 아내 캐런(Karen)이 테텔칭고 마을에 들어와 캐머런이 시작한 번역 사역을 계속하고 있었고, 멕시코의 모든 사역이 성공적으로 진행되는 중이었다. 며칠 전에는 하계 언어학 연구소 사역과 멕시코 교육부, 멕시코 국립대학이 지난 5년 동안 협력해서 일한 것을 기념하는 만찬을 멕시코시티에서 주최하기도 했다.

만찬의 초청 강사는 캐머런 부부가 입양한 엘레나 트레호와 조 치콜이었다. 이제 어엿한 숙녀가 된 엘레나는 캐머런이 캘리포니아의 부모님께 보내어 교육을 받게 한 덕에 고등학교를 졸업하고, 그 후 의학대학에 진학하여 숙련

된 외과의사가 되어 있었다. 엘레나는 이제 과테말라 최초이자 유일한 여의사가 되어 고국에서 일하게 되었다. 캐머런은 엘레나를 초청 강사로 세워, 그 교육의 혜택으로 어떤 새로운 인생의 기회들이 열렸는지를 말해 달라고 부탁했다. 엘레나의 강연은 감동적이었고, 캐머런은 자신의 양녀가 무척이나 자랑스럽기만 했다.

캐머런의 귀환

2년 전 캐머런의 아버지가 돌아가시고 나서 5개월 후, 레너드 렉터스가 갑자기 세상을 떠났다. 캐머런은 고국에 돌아가 누나들과 친한 사람들을 만나 보고 싶었다. 캐머런과 엘비라는 멕시코 국경을 넘어 미국으로 돌아갔다. 일본이 진주만을 폭격함으로 제2차 세계대전이 막을 올릴 때였다.

캐머런이 만난 미국인들은 정부에서 수많은 청년을 전쟁터로 끌고 가는 마당에 과연 50명의 후보생을 모집할 수 있겠느냐고 의혹에 찬 질문을 던졌다. 하지만 캐머런은 자신이 있었다. 24년 전, 바로 자신이 징용에서 면제를 받지 않았던가! 캐머런은 전쟁마저도 성경 번역 사역을 가로막을 수 없다고 자신했다.

캐머런 부부는 로스앤젤레스에 있는 윌 나이만의 집에 머물렀다. 윌 나이만은 첫 번째 위클리프 캠프에 참석한 두 참가자에게 숙소를 제공했던 신실한 후원자였다. 그는 조직력이 뛰어난 사람이었으므로 레너드 렉터스가 진행하던 위클리프 성경 번역회 행정을 맡아 주기로 했다. 캐머런은 50명의 후보생이 모집될 것을 확신했기 때문에, 그들이 나중에 현지에 나가 사역하기 위해 비자 서류를 처리하고 기도 편지와 후원금을 맡아 줄 사람이 절실히 필요했다. 적극적인 성격의 윌 나이만이 창고를 사무실로 개조하여 본격적으로 행정 일에 뛰어들자, 그 어느 때보다 평탄하게 일들이 처리되어 나갔다.

캐머런 부부는 로스앤젤레스를 떠나 오클라호마 대학으로 갔다. 1년 전, 오클라호마 대학에서 불어를 가르치던 한 여교수가 체로키 인디언에게 관심을 갖고 위클리프 캠프에 참석했었다. 델라 브런스테터(Della Brunstetter)라는 여교수는 유능한 강사들이 위클리프 캠프에서 강의한다는 것과 현지에서 단시간에 효과적인 결과를 거두는 위클리프 고유의 사역 방법을 전해 듣고 캠프에 참석한 것이었다.

델라 교수는 캠프의 프로그램이 기대 이상으로 훌륭한 것을 보고, 오클라호마 대학의 운영 이사회 위원들을 만난 자리에서 위클리프 캠프가 대학 건물과 시설을 사용하도록 허가해 달라고 요청했다. 그뿐만 아니라 캠프의 모든 강의가 상당히 수준이 높았으므로 캠프에 참석하는 대학생들에게 학점을 인정해 주자고 제안했다. 운영 이사회는 델라 교수의 제안을 검토해서 받아들이기로 동의했다. 캐머런은 오클라호마로 가서 위원들을 만났고, 마침내 1942년에 위클리프 캠프를 오클라호마 교정에서 개최해도 된다는 정식 승인서가 발급받았다.

예상치 못한 좋은 장소가 확보되었을 뿐 아니라, 켄 파이크가 캐나다의 브라이어크레스트 성경 대학에서 위클리프 캠프가 열리도록 교섭 중이라는 소식에 캐머런은 기쁨을 감추지 못했다. 한편 맥스 라스룹은 〈번역〉(translation)이라는 기독 잡지를 발간하여 하계 언어학 연구소의 사역에 대한 소식을 정기적으로 사람들에게 알렸다.

얼마 후 위클리프 캠프의 신청서가 쇄도하기 시작하여, 130명의 젊은이가 신청을 했고, 그해의 캠프는 어느 때보다 성공적으로 개최되었다. 캠프가 끝나자 51명의 참가자가 멕시코의 인디언 부족들에게 들어가 사역을 시작할 준비를 했다. 전쟁에도 불구하고 하나님은 캐머런이 요구한 50명 외에 또 한 사람을 추가로 보내 주신 것이다.

캐머런과 엘비라는 계속 미국 전역을 여행하면서, 공적으로나 사적으로 만나는 사람들에게 성경 번역 사역에 대해 이야기했다. 또한 윌 나이만의 행정 일을 몇 주 동안 도와주기도 했다. 51명의 후보생이 사역을 시작해야 했기에 그 어느 때보다 서류와 행정에 대한 일손이 바빠졌다.

더 많은 장소에서 기회의 문이 활짝 열리고 있었다. 언어학 박사학위를 받은 켄 파이크는 페루에서 캐머런에게 편지를 보냈다. 페루 정부가 하계 언어학 연구소 사역자를 초청하여 아마존 정글 지대에 들어가 인디언을 위한 번역 사역을 하도록 인가했다고 한다. 멕시코에 이어 두 번째의 번역 선교지가 생긴 셈이었다. 또한 미국의 나바호 인디언을 대상으로 사역하고 있던 3명의 선교사가 하계 언어학 연구소에 새롭게 합류하여 일하게 되었다고 했다. 그동안 언어학자들이 미국 내의 토착 인디언에게 관심을 두지 않는 현실을 보고 가슴 아파했던 캐머런은 그 소식을 듣고 매우 기뻐했다.

이제 멕시코에는 103명의 하계 언어학 연구소 사역자가 열심히 번역 사역에 몰두하고 있었다. 멕시코시티는 하계 언어학 연구소 사역의 중심지가 되어, 새롭게 입국하거나 귀국하는 사역자들의 발길이 끊이지 않았다. 따라서 선교 단체의 자체적 건물을 구입해야 한다는 결정이 내려져, 여관으로 사용하던 낡은 건물을 구입했다. 그 건물에는 방이 25개 있었는데, 처음에는 방이 매우 많아 보였으나 몇 달이 지나 손님 숙소와 사무실과 인쇄소가 들어서고 나니, '주전자'라는 별명에 걸맞게 일과 사람들로 한시도 쉴 사이 없이 끓어오르는 분주한 장소가 되었다.

무엇도 가로막지 못할 견고한 믿음

2년 전 캐머런의 아버지가 돌아가신 지 5개월 후 레너드 렉터스가 갑자기 세상을 떠났다. 캐머런은 고국에 돌아가 누나들과 친한 사람들을 빨리 만나보고 싶었다. 캐머런과 엘비라는 멕시코 국경을 넘어 미국으로 돌아갔다. 일본이 진주만을 폭격함으로 제2차 세계대전이 막을 올릴 때였다. 캐머런이 만난 미국인들은 정부에서 수많은 청년들을 전쟁터로 끌어가는 마당에 과연 50명의 후보생을 모집할 수 있겠느냐고 의혹에 찬 질문을 던졌다. 하지만 캐머런은 자신이 있었다. 24년 전 바로 자신이 징용에서 면제를 받은 장본인이 아닌가! 전쟁마저도 성경 번역 사역을 가로막을 수 없다고 캐머런은 자신했다. (211-212쪽)

캐머런에게는 굳건한 믿음의 심지가 있었다. 가장 어두운 날에도 자신의 소명을 지켜 나갈 수 있을 만큼 단단한 믿음이었다. 제2차 세계대전이 일어났던 시기, 전쟁 때문에 전 세계 사람의 심적 불안이 고조되었다. 그토록 어수선하고 혼란스러운 때에도 캐머런은 굴하지 않고 사역을 지속시켜 나갔다. 사람들의 걱정 어린 만류에도 그는 결코 요동하지 않았다. 이미 자신의 인생에서 하나님의 깊은 섭리를 체험한 적이 있기 때문이었다. 그는 하나님의 계획을 가로막을 것은 아무것도 없다는 사실을 확신했다. 이처럼 심지 굳은 믿음이 있었기에 그는 중심을 지킬 수 있었다.

"복음에는 하나님의 의가 나타나서 믿음으로 믿음에 이르게 하나니 기록된 바 오직 의인은 믿음으로 말미암아 살리라"(롬 1:17).

Chapter 8

식지 않는 선교의 열정

멕시코에 다시 돌아온 캐머런에게는 새로운 착상이 떠올랐다. 지난 몇 년간 캐머런 부부는 멕시코의 라소로 카르데나스 대통령과 영부인 아말리아(Amalia)와 절친한 사이가 되어 있었다. 멕시코 빈곤층 사람들의 생활 개선을 위해 노력을 기울이는 대통령을 보며 깊은 감동을 받은 캐머런은 다른 지도자들이 그의 본보기를 따르도록 전기를 써야 한다고 생각했다.

캐머런은 자신이 그 전기를 쓰기로 작정했다. 몇 년 전에 은퇴한 생명보험 회사의 사장인 알 존슨(Al Johnson)이라는 사람이 캐머런 부부에게 휴식이 필요하면 언제든지 할리우드에 있는 자신의 집에 와서 머물라고 초대한 적이 있었던 것이다.

1944년 11월, 캐머런은 카르데나스 대통령의 전기를 쓰는 데 필요한 모든 자료를 모아들인 후, 집필에만 몰두할 마음으로 알 존슨(Al Johnson)의 집으로 갔다. 과연 캐머런의 예상대로 할리우드에 있는 그 집은 전기를 집필하기에 완벽한 장소였다. 1944년 12월 23일, 전기를 쓰느라 여념이 없던 캐머런은 평상시와 다름없이 글쓰기를 마치고 잠을 자려고 침대로 올라갔다. 그때 갑자기 엘비라가 가슴을 움켜쥐더니 "숨을 쉴 수가 없어요!" 하며 고통스럽게 부르짖었다. 그러더니 이내 이불을 쥐어뜯다가 창문 있는 쪽으로 비틀거리며 걸어갔다.

캐머런은 엘비라에게로 다급히 달려갔다. 그러자 엘비라는 그의 품에 쓰러져 의식을 잃고 말았다. 엘비라를 다시 침대에 누인 캐머런은 알 존슨에게 도움을 요청했다. 침대에 누운 엘비라는 온 힘을 다해 간신히 숨을 몰아쉬고 있었다. 곧 의사가 왔지만, 달리 손을 쓸 방도가 없으니 그저 엘비라를 편안하게 해주라고만 할 뿐이었다. 캐머런은 침대 옆에 앉아 아내의 손을 잡고 밤새도록 기도하며 지켜보았다. 다음 날인 성탄절 이브가 되자, 엘비라의 호흡이 점점 더 약해지더니 마침내 마지막 숨을 거두고 말았다.

캐머런은 믿기지 않는 얼굴로 멍하니 앉아 있었다. 그전에도 죽음의 문턱을 여러 번 넘나들던 엘비라였으나 그때마다 무사히 고비를 넘겼다. 그러나 지금은 달랐다. 쉰두 살의 엘비라 타운센드는 영원히 눈을 감은 것이다. 아내의 죽음에 넋을 잃고 앉아 있는 캐머런을 알 존슨은 조심스럽게 일으켜 세워 함께 방을 나갔다.

알 존슨은 자신의 사비를 털어 캘리포니아의 글렌데일에서 장례식을 열도록 도와주었다. 너무도 상심해 있던 캐머런은 장례식에서 아내를 위해 고별사를 할 자신이 없었다. 이에 그는 고별사를 종이에 적어 친구인 도우슨 트로트만(Dawson Trotman)에게 읽도록 부탁했다. 캐머런은 '하나님은 라틴아메리카 사람들과 우리에게 엘비라를 사랑의 선물로 보내 주셨습니다. 주님의 능력으로 엘비라를 사용하시고, 이제는 다시 주님의 품으로 데리고 가셨습니다'라는 내용으로 아내에 대한 고별사를 적었다.

엘비라 타운센드의 무덤은 여느 장례식에서 보는 무덤과는 달랐다. 관습대로 화관이나 꽃을 놓는 대신, 장례식에 모인 사람들이 멕시코와 과테말라 사람들에게 스페인어 신약성경을 보낼 수 있도록 각별히 부탁했다. 엘비라의 무덤 옆에는 수천 권의 스페인어 성경이 차곡차곡 쌓인 채 라틴 아메리카인들을 축복하게 될 날을 기다리고 있었다.

페루 사역의 개척을 모색하다

엘비라를 영원히 떠나보낸 뒤, 캐머런은 페루에서 새롭게 번역 사역을 시작할 계획을 추진하기 시작했다. 그는 페루로 가서 비행기를 타고 안데스 산맥과 아마존 분지를 내려다보았다. 세계 최장의 강을 자랑하는 아마존 강의 지류에는 소수의 선교사가 사역하고 있었다. 캐머런은 선교사들을 만난 뒤, 페루에 산적해 있는 선교 사역의 가능성을 보며 새로운 힘을 얻었다. 아마존 지대에 사는 인디언은 외부와 거의 접촉이 없이 고립되어 있었으며, 무당의 주술과 저주와 살인이 보편화되어 있었다.

아마존 정글 지대를 여행하는 동안 캐머런은 두 가지 사역을 급선무로 느끼며 기도하기 시작했다. 우선 번역 선교사와 함께 의료 사역이 동반되어야 하고, 선교사들이 정글 지대를 쉽고 빠르게 오갈 수 있는 비행기와 조종사가 절대적으로 필요했다. 비행기가 없으면 며칠 혹은 몇 주를 걸어

가야 하는데, 길조차 나 있지 않는 정글 지역도 허다했다.

얼마 후 캐머런은 멕시코를 거쳐 미국으로 돌아가서 페루 사역을 위한 비행기의 필요성을 알리고, 선교사뿐 아니라 의사와 조종사들이 필요하다는 사실을 사람들에게 설득하고자 했다.

캐머런은 멕시코에 갈 때마다 테텔칭고 마을에 들렀는데, 이번에도 그 마을을 방문하여 친한 사람들을 만났다. 테텔칭고의 모든 인디언은 엘비라가 세상을 떠났다는 소식에 슬퍼하며 캐머런을 위로했다. 캐머런은 그 지역에서 벌어지는 활발한 사역들을 보며 다시 한 번 위로를 받았다.

하계 언어학 연구소에서 파송된 선교사 부부들이 그 지역에서 열심히 일하고 있었고, 일레인 미클(Elaine Miekle)이라는 시카고 태생의 교사도 함께 일하고 있었다. 큰 키에 푸른 눈을 한 일레인은 하계 언어학 연구소에서 정식 후원을 받게 된 최초의 선교사였다.

일레인은 그곳에서 위클리프 선교사들의 여러 자녀를 가르치고 있었는데, 그 일을 하기에는 일레인이 갖춘 자격이 아까울 정도였다. 일레인은 위클리프 선교사가 되기 전에 시카고에 있는 300개 이상의 학교에서 특별 교육을 감독하던 사람이었다. 당시 스물여섯 살이던 일레인은 그 지역에서 가장 연소한 나이로 감독관의 자리에 오른 유능한 인물이었다. 그러나 일레인은 선교사가 되기 위해 그토록 촉망받는 자리를 마다하고, 멕시코의 작은 마을에 온 것이었다. 캐머런은 지붕이 줄줄 새는 허름한 오두막에서 살아가는 일레인이 대단하다는 생각을 했다. 두 사람은 이내 절친한 사이가 되어 캐머런이 미국으로 돌아간 후에도 서로 편지를 주고받기로 약속했다.

다시 로스앤젤레스에 돌아온 캐머런은 도우슨 트로트만의 사무실을 방문했다. 도우슨 트로트만은 군대 복음화를 위해 네비게이토(Navigators)라는 단체를 설립한 사람이었다. 대화 도중에 캐머런은 바로 며칠 전까지 '기독 항공인 선교 협회'(Christian Airmen's Missionary Fellowship, CAMF)라고 불리는 신생 선교 단체가 도우슨의 사무실 한쪽을 사용하고 있었다는 사실을 알게 되었다. 네비게이토 단체가 사무실 공간을 늘려야 했기에, 기독 항공인 선교 협회의 협력 설립자 베티 그린(Betty Greene)이 시내에 새로운 사무실을 얻어 옮겼다고 한다.

캐머런은 그 말에 귀가 번쩍 뜨였다. 그가 미국으로 돌아온 이유 중 하나가 페루에서 시작할 번역 사역을 위해 조종사를 모집하려는 것이었는데, 바로 코앞에 기독 항공인 협회가 있다고 한다! 캐머런은 도우슨에게 베티 그린과 기독 항공인 선교 협회에 대해 궁금한 것들을 질문했다.

베티 그린은 전직 여공군 비행 조종사였다고 한다. 베티가 속한 부대는 전쟁터에 파견되지 않고 비행기들을 목적지까지 자력 수송하거나 전투 예행연습에서 중요한 임무를 맡은 부대였다. 이제 전쟁이 거의 막바지에 접어들었기에 베티가 속한 부대는 해산되었고, 베티는 기독 항공인 선교 협회에서 전임 사역자로 일하게 되었다.

기독 항공인 선교 협회의 사역은 선교사들이 신속하고 안전하게 사역하도록 비행기와 조종사를 제공하는 것이었다. 바로 그것이 캐머런이 그토록 찾고 원하던 바가 아닌가! 베티 그린의 사무실에는 전쟁 때 조종사나 비행기 기술자로 훈련받은 남자들로부터 한 달에 수백 통의 편지가 날아든다고 했다. 전쟁이 끝나면 자신들이 습득한 기술을 사용하여 기독교 사역에 동참하고 싶어 하는 사람들이었다. 문제는 그들이 조종할 비행기가 부족하다는 사실이었다.

캐머런은 빨리 베티 그린을 만나고 싶었다. 페루에서 시작할 사역을 위해 비행기와 조종사가 필요하다는 이야기를 하고 싶었기 때문이었다. 하지만 다른 지역에 가서 설교를 해야 할 일정이 잡혀 있었기에 도저히 짬을 낼 수가 없었다. 그는 윌 나이만에게 가까운 시일에 베티 그린과 만날 수 있도록 약속을 정해 달라는 부탁만을 남겼다.

두 개의 선교 단체가 협력해서 일한다면 더욱 효과적으로 선교가 진행되리라는 예감이 들었다. 그는 기독 항공인 선교 협회 단체의 문제 해결을 도울 겸, 시카고에 있는 에릭슨 목사에게 전화를 걸었다. 에릭슨 목사는 하계 언어학 연구소의 사역을 적극적으로 후원하는 사람이었다. "제가 원하던 조종사를 찾기는 했습니다만, 비행기 한 대만 있다면 지금이라도 날 수가 있답니다. 비행기 한 대를 살 수 있도록 2,500달러를 목사님의 교회에서 모금할 수 있으시겠습니까?"

정글 캠프

캐머런은 시카고 기차역에 서서 일레인 미클의 모습을 찾으려고 주변을 두리번거렸다. 일레인을 만나기로 한 것이 얼떨결에 내린 결정이어서 결례가 되지 않기를 바랐다. 그가 캐나다의 브라이어크레스트 성경 대학에서 위클리프 캠프를 열고 있을 때 일레인의 할머니가 돌아가셨다. 이에 캐머런은 일레인으로부터 장례식에 참석하고자 시카고로 돌아간다는 전갈을 받게 되었다. 처음에는 일레인에게 전화를 걸어 위로의 말만을 전하려 했으나, 곧 에릭슨 목사에게 비행기 구입비로 후원금을 요청했던 사실이 생각났다. 그렇다면 기차를 타고 시카고로 가서 일레인과 에릭슨 목사를 동시에 만날 수 있겠다는 생각이 들었다.

얼마 후, 붐비는 사람들 틈에서 일레인의 곱슬머리가 보였다. 일레인을 향해 손을 흔들자 곧 일레인도 캐머런을 발견하고 반갑게 손을 흔들어 답했다. 일레인은 함께 온 아버지에게 캐머런을 소개했고, 이내 세 사람은 차를 타고 미클 씨의 집으로 향했다.

당시 캐머런의 나이는 마흔아홉 살이었으므로 일레인의 아버지 미클 씨보다 열 살이 어린 셈이었다. 만약 이제 서른 살인 자신의 딸에게 캐머런이 특별한 관심을 갖고 있다는 사실을 알게 된다면, 미클 씨가 과연 어떻게 생각할지 의문이었다.

일레인과 함께 차를 타고 시카고의 거리를 누비며 다니는 동안 두 사람은 그동안의 소식을 전하기에 바빴다. 이에 캐머런의 우려는 어느새 눈 녹듯 사라져 버렸다. 일레인은 테텔칭고 마을의 사역 이야기를 들려주었고, 캐머런은 비행기 조종사를 찾아냈다는 소식과 위클리프 캠프를 수료한 켄 알티그(Ken Altig) 의사가 페루 사역 팀에 합류할지도 모른다는 소식을 전했다.

시간은 쏜살같이 흘렀다. 시카고에 머무는 동안의 절반은 에릭슨 목사와 그가 목회하는 복음교회의 교인들을 만나고, 나머지 절반은 일레인과 그 가족을 만났다. 캐머런과 일레인은 함께 지내는 시간 동안 서로를 깊이 알게 되어, 마침내 결혼을 약속한 사이가 되었다.

미클 씨에게 일레인과의 결혼을 허락해 주겠느냐고 물어보자, 미클 씨는 딸이 원한다면 자신은 기꺼이 찬성한다는 뜻을 밝혔다. 그리하여 두 사람은 매일 서로에게 편지를 쓰기로 약속하고, 캐머런이 미국에서의 일을 마치고 다시 멕시코로 돌아갈 때까지 작별을 고했다.

캐머런에게는 여전히 할 일이 많았다. 그는 오클라호마 대학에서 위클리프 캠프를 주관하고 있는 켄 파이크와 계속해서 연락을 주고받았다. 캠프 참석자 중에 17명의 청년과 6명의 독신 여성이 페루에서 사역하기로 자원했다고 켄이 소식을 전해 왔다. 캐머런은 많은 젊은이가 사역에 자원했다는 사실이 반가웠다.

1945년 9월 2일, 일본의 항복으로 제2차 세계대전이 끝났기에, 젊은 그리스도인들이 주님을 섬길 새로운 기회들을 찾아 몰려올 것이라는 예상을 하고 있었다. 페루에 갈 지원자들은 정글 속에서 살아남아야 했기에, 캐머런은 이미 멕시코에 정글 캠프를 열어 지원자들을 훈련시킬 계획을 세워 놓고 있었다.

1945년 9월, 정글 캠프를 준비하기 위해 멕시코로 향하던 캐머런은 로스앤젤레스에 들러 도우슨 트로트만을 만났다. 그동안 윌 나이만을 통해 기독 항공인 선교 협회 소속 회원들과 연락을 취했는데, 그들도 하계 언어학 연구소 번역 선교사들의 필요에 따라 비행기와 조종사들을 보내 주는 데에 관심을 보였다고 캐머런이 도우슨에게 말했다. 기독 항공인 선교 협회에서는 팔려고 내놓은 웨이코 복엽비행기(위아래로 두 개의 앞날개가 있는 비행기 - 편집자 주) 한 대를 찾아냈다. 그 비행기는 정글을 오가기에 안성맞춤이었다.

비행기 값은 5,000달러였는데 에릭슨 목사 교회의 교인들이 후하게 헌금을 해서 위클리프 선교회에서는 벌써 대금의 절반을 지불한 상태였다. 이제 얼마 있으면 그 비행기는 멕시코로 날아가 본격적인 선교 사역에 투입될 예정이었다. 또한 켄 알티그 의사가 페루로 가서 일하기로 결정했다는 것과 일레인이 자신의 청혼을 받아들였다는 이야기도 전했다.

23명의 번역 선교사 후보생은 멕시코 남부에 있는 치아파스 주의 수도 툭스틀라 부근에서 정글 캠프에 참석했다. 위클리프 선교회에서 구입한 와이코 복엽비행기는 아직 비행을 할 수 있는 상태가 아니었기에, 캐머런의 절친한 친구인 알 존슨이 비행기 한 대를 대절하여 모든 사람이 정글 속에 무사히 도착하도록 도와주었다. 3개월에 걸친 정글에서의 훈련은 지금까지 미국에서 곱게 자란 23명의 젊은이에게는 난생 처음 겪어 보는 고생이었다. 그야말로 극기와 살아남기의 고되고도 강도 높은 훈련이었다.

그들은 짐을 잔뜩 실은 카누의 노를 저어 강의 급류를 헤쳐 나갔고, 울창한 산들을 걸어서 넘었다. 또한 사냥한 고기로 식사를 하고 연장도 없이 맨손으로 간단한 오두막을 짓기도 했다. 아울러 뱀에 물렸을 때의 응급치료법과 최신 의약품인 페니실린을 사용하는 법도 배웠다. 그러는 와중에도 언어학 공부는 쉬지 않았다.

결혼, 그리고 아기

3개월의 훈련을 성공적으로 마친 23명의 후보생은 페루로 들어가 사역할 날만을 손꼽아 기다렸다. 캐머런 역시 페루

여정에 동행할 참이었으나 우선 결혼식부터 마쳐야 했다. 원래 캐머런과 일레인은 페루 사역을 마감할 때까지 3년 정도 결혼을 미룰 작정이었다. 그러나 두 사람은 행복한 한 쌍이 될 것이고, 일레인이 멕시코에 쉽게 적응한 것처럼 페루에 가서도 잘 적응할 것이라는 주변 사람들의 충고로 결혼을 앞당기기로 했다.

캐머런은 대통령 직분에서 물러난 라소로 카르데나스 전 대통령에게 신랑 들러리를 부탁했고, 그의 부인 아말리아 카르데나스에게는 신부를 돌보는 특별 부인의 역할을 맡아 달라고 했다. 카르데나스 전직 대통령 부부는 두 사람의 부탁을 기쁘게 수락했을 뿐 아니라, 두 사람의 결혼식을 파츠쿠아로 호수 변에 있는 자신의 집에서 하도록 강력하게 권했다. 캐머런은 되도록 조촐한 결혼식을 올리고 싶었지만, 그동안 선교회 사역으로 정부 관리들과 맺은 친분이 있었으므로 주요 인사들을 초대하지 않을 수가 없었다.

두 사람의 결혼식은 1946년 4월 4일에 거행되었다. 오케스트라까지 갖춘 성대한 결혼식이었다. 결혼 예물은 카르데나스 전 대통령 부부가 손수 준비해 주었다. 결혼식을 마친 캐머런과 일레인은 가까운 곳에서 이틀 동안 신혼여행을 즐긴 뒤 다시 사역으로 돌아왔다. 이제 모든 짐을 가방과 짐짝에 싸서 페루로 보내야 했다. 페루로 가는 길에 캐머런 부부는 베네수엘라에 잠깐 들러 대통령과 장관들을 만났다. 베네수엘라에서 성경 번역 사역을 시작하려는 계획을 논의하기 위함이었다.

베네수엘라를 거친 캐머런과 일레인은 페루의 리마에 있는 어느 가난한 동네의 허름한 집에서 먼저 도착한 일행과 합류했다. 그곳에 도착한 직후, 일행의 회계를 맡고 있는 청년이 캐머런에게 예산 책정이 잘못되었음을 털어놓았다. 일행이 페루에서 3개월 정도 생활할 수 있다고 생각했는데 자세히 따져 보니 지금 있는 돈으로는 1개월도 채 버티지 못할 것 같다고 했다. 종종 그런 예기치 않은 문제가 발생한다는 점을 알기에, 캐머런은 알겠다며 고개를 끄덕였다.

캐머런은 일레인에게 그런 사정을 조심스레 이야기했고, 두 사람이 결혼할 때 받은 예물을 팔아 모자라는 재정을 보충하기로 합의했다. 이에 총 1,100달러에 이르는 돈과 로스앤젤레스에 있는 캐머런의 모교회에서 보낸 500달러의 헌금을 합쳐 집세와 일행의 식비를 해결하게 됐다.

얼마 후에 그들은 두 사람씩 짝을 지어 페루의 밀림 지대로 흩어졌다. 캐머런과 일레인은 아구아이티아 강이 내려다보이는 정글 안에 집을 지었다. 그곳은 리마로부터 뻗어

나온 주요 고속도로가 지나가는 지역이기도 했기에, 페루에서 일하는 위클리프 번역 선교사들의 선교 기지 역할을 했다. 일레인은 오두막이 생긴 것을 기뻐했다. 특히 1947년 1월이면 두 사람 사이에 아기가 태어날 예정이었기에 집이 생긴 것이 참으로 다행이었다.

성탄절 이틀 후, 예정보다 일찍 건강한 여자 아기가 태어났다. 캐머런은 쉰 살의 나이에 처음으로 아빠가 된 것이었다. 아기의 이름을 그레이스(Grace)라고 지은 캐머런은 마냥 행복했다. 그레이스는 여행 복을 타고난 아이였다. 태어난 지 6주 만에 그레이스는 부모와 함께 비행기를 타고 멕시코의 투스트라로 날아갔다.

위클리프 훈련을 마친 두 번째 그룹이 정글에서 훈련을 받기 위해 투스트라에서 기다리고 있었다. 이번에는 첫 번째 정글 캠프보다 더 성공적이었다. 왜냐하면 캐머런과 일레인이 정글에 살면서 경험한 실제적인 지식을 전할 수 있었기 때문이었다.

일촉즉발의 비행기 사고

정글 캠프가 끝나고 캐머런 가족이 다시 페루로 돌아갈 시간이 되었다. 캐머런은 순항 비행기에 오르는 일레인을 부축해 준 뒤 그레이스를 들어 올렸다. 그레이스는 침대로 사용하는 나무 광주리 속에서 새근새근 잠을 자고 있었고, 광주리 밑에는 여행 도중에 사용할 기저귀들이 가지런히 접혀서 들어 있었다. 캐머런은 마지막으로 캠프 참석자들에게 손을 흔들어 작별 인사를 하고, 비행기 뒷좌석의 아내 옆에 앉아서 그레이스가 자고 있는 광주리를 두 사람의 다리 위에 기울지 않도록 올려놓았다.

베티 그린은 와이코 복엽비행기를 조종하여 다른 지역의 선교사들을 옮기느라 바빴기에, 캐머런 부부는 일반 비행기를 대절하여 떠날 수밖에 없었다. 조종사는 계기판을 점검한 후 비행기에 시동을 걸었다. 이윽고 비행기 동체를 돌려 날개를 이륙 상태로 맞추고 엔진에 기속력을 가했다. 이윽고 순항 비행기는 활주로를 빠른 속도로 질주했고, 활주로의 4분의 3정도 되는 지점에서 비행기 바퀴가 들리며 공중으로 날아올랐다. 캐머런은 일레인의 손을 잡고서 "곧 집에 도착하게 될 거요."라고 말했다.

두 사람은 고개를 돌려 아득하게 보이는 활주로에서 여전히 손을 흔들고 있는 캠프 참가자들을 바라보았다. 그때 뭔가 이상하다는 느낌이 들었다. 나무들이 비행기 가까이에 있는지, 나뭇가지가 비행기 동체를 긁어 대는 소리가 들린 것이다. 조종사가 당황한 얼굴로 조종간을 잡고 흔드는 모습이 보였다. 그때 갑자기 뭔가 찢어지는 듯한 요란한 소리가 나며 비행기가 급격히 추락하기 시작했다. 캐머런이 몸으로 그레이스를 덮치는 것과 동시에 비행기는 산등성이에 부딪쳤다. 그러고도 두 번을 더 튕겨 나간 뒤 한 나무에 걸려 멈추어 섰다.

캐머런은 왼쪽 다리가 단단히 짓눌린 채 추락한 비행기 안에 누워 있었다. 비행기에서 새어 나온 연료 냄새가 진동을 했다. 그는 조심스럽게 고개를 들어 아내와 아이가 무사한지를 살폈다. 그레이스가 놀라서 우는 소리와 일레인이 고개를 드는 모습을 보고 캐머런은 안도의 한숨을 내쉬었다. 창문을 두드리는 소리가 나서 돌아보니, 어떤 인디언 남자가 비행기 밖에서 그들을 들여다보고 있었다.

비행기 연료가 계속해서 쏟아져 내리고 있었으므로 불이 날지도 모른다는 생각이 캐머런의 머리를 스쳤다. 그의 왼쪽 엉덩이에서는 피가 솟아나고 일레인의 발도 짓눌려 있었지만 다행히 아기는 무사했다. 캐머런은 재빨리 그레이스를 들어 올려 기저귀로 둘둘 감은 후에, 창문을 열고 인디언 남자에게 그레이스를 안겨 주었다. 그런 뒤에 그는

"빨리 달아나요, 어서! 불이 날 겁니다. 빨리 뛰세요!"라고 스페인어로 외쳤다. 인디언 남자는 공포에 질린 눈으로 얼른 그레이스를 받아 멀리 뛰어가기 시작했다.

일단 그레이스는 안전하게 되었으니, 이제 두 사람이 빨리 비행기를 벗어나는 것만이 상책이었다. 캐머런은 조종사의 어깨를 잡고 흔들었으나, 그는 신음 소리만 낼 뿐 움직이지 않았다. 조종사의 머리가 제어판에 심하게 부딪힌 것 같았다. 그는 다시 아내를 바라보았다.

"발목이 걸렸어요!" 아내가 고통에 찬 신음 소리를 냈다.

아래를 내려다보니 일레인의 발이 무언가에 짓이겨져 거의 끊어질 듯이 느슨하게 다리에 붙어 있었다. 캐머런은 생명의 안전을 위해 일레인을 재촉할 수밖에 없었다. "어쨌든 빨리 여기를 빠져나가야 하오! 내가 도와주리다!"

두 사람은 필사적으로 다친 다리를 질질 끌며, 추락한 비행기의 창문을 통해 밖으로 기어 나왔다. 때마침 사고를 목격한 캠프의 참가자들 몇 명이 현장으로 다급히 달려왔다. 그리고 나서 몇 분 후에는 캠프에 왔던 컬리(Culley) 의사가 도착했다. 그들은 모두 힘을 합해 조종사를 밖으로 끌어내었고, 옷을 찢어 캐머런의 다리와 일레인의 발목에 난 상처를 감아 주었다. 얼마 후 나머지 참가자들이 담요와 나뭇가지로 만든 임시 들것을 들고 왔다.

내내 의식이 또렷했던 캐머런은 이번 사고를 그대로 넘길 수 없다는 생각이 들었다. 일반 비행기를 타고 정글을 오가는 것이 얼마나 위험한 일인지를 고국에 있는 사람들이 깨닫는다면, 하계 언어학 연구소 사역을 위해 더 많은 비행기와 조종사를 갖추도록 적극 나서게 될 것이다. 그는 다리의 통증도 애써 참으며 참가자 한 사람을 향해 소리를 질렀다. "데일! 빨리 가서 카메라를 가져다가 추락한 비행기와 우리의 모습을 찍게! 고국에 있는 사람들이 이 장면을 봐야 하네!"

데일 키츠만(Dale Kietzman)은 잠시 어리둥절한 표정을 짓더니, 곧 캐머런의 지시를 따르기 위해 전속력으로 내달렸다. 몇 분 만에 그들의 모습은 카메라에 담겼고, 다친 세 사람은 들것에 실려 정글 캠프가 열렸던 오두막 중 한 곳으로 옮겨졌다. 컬리 의사는 최선을 다해 그들의 상처를 치료했다. 캐머런의 사고 소식을 무전으로 연락받은 카르데나스 전 대통령은 또 한 사람의 의사를 사고 현장에 보내어 붕대와 약품을 충분히 공급하도록 했다.

사고 후 12일이 지나자, 3명의 부상자를 멕시코시티의 병원으로 후송해도 되겠다는 진단이 내려졌다. 이에 세 사람은 병원으로 실려 가게 되었다. 다행히 그레이스는 조금도 다치지 않았기에 캠프의 참가자들과 강사들이 돌봐 주게 되었다.

병원에 도착한 캐머런과 일레인은 다친 다리에 수술을 받았다. 캐머런의 넓적다리가 극심한 부상을 입었기 때문에 금속 플레이트를 영구적으로 삽입해야 했다. 일레인도 발목에 대수술을 받은 후 6개월 동안 목발을 짚고 다녔다. 그 후 일레인은 평생토록 다리를 절게 되었다.

회복과 전진

두 사람의 부상과 고통에도 불구하고, 비행기 사고로 인해 두 가지 좋은 결과를 맺게 되었다. 몇 년 전부터 쓰기 시작한 카르데나스 전 대통령의 전기를 완성한 것이다. 《멕시코의 민주주의자, 라소로 카르데나스》(*Lázaro Cárdenas, Mexican Democrat*)는 병상에서 회복을 기다리는 동안 집필이 완료되었다. 또한 하계 언어학 연구소가 정글 지대에서 사역하기 위해 자체적인 항공 체제를 갖추어야 한다는 사실을 절감하기에 이르렀다.

그동안 기독 항공인 선교 협회 사역자와 베티 그린이 매우 큰 도움이 되었으나, 빠르게 확장되고 있는 하계 언어학 연구소 사역의 항공 운송을 감당하기는 역부족이었다. 연구소의 재정은 항상 빠듯하고 부족했으나, 이들은 정글에서의 항공 체제에 대해 구체적인 계획을 세우기 시작했다.

부상이 어느 정도 회복되자, 캐머런은 미국으로 가서 하계 언어학 연구소 위원회에 참석했다. 모임에 모인 위원들 사이에 많은 이야기가 오갔다. 이번에는 켄 파이크가 오스트레일리아에서 위클리프 캠프를 열고, 오스트레일리아에 사는 여러 원주민의 언어로 성경을 번역할 사람들을 훈련할 예정이라고 말했다.

제2차 세계대전이 일어나는 동안 뉴기니 섬이 세계의 이목을 모았다. 베일에 가려진 뉴기니 섬 산악 지대에는 도대체 어떤 종족이 몇 개의 언어를 사용하며 사는지 오리무중이었다. 울창한 뉴기니 산악 지대에 발을 들여놓은 백인은 그때까지 거의 없는 실정이었다.

캐머런이 항공 선교부를 자체적으로 신설하자는 제의를 하자, 모임장의 분위기는 한순간 찬물을 끼얹은 듯 무거워졌다. 어느 누구도 그의 제의에 열렬한 반응을 보이지 않았다. 6명의 다른 위원은 항공 체제를 신설하고 운영하는 데 얼마나 어마어마한 재정이 들어야 하는지 아느냐며 캐머런에게 따졌다. 게다가 선교사가 꼭 비행기를 타고 다녀야 할 이유가 무엇이냐고 반문했다.

캐머런 역시 물러서지 않고 그들을 납득시키려 애를 썼다. 정글에서 사역하려면 좋든 싫든 비행기를 이용할 수밖에 없다는 것이 그의 견해였다. 결국 위원들은 한 가지 조건만 만족시킨다면 그의 계획을 추진해도 좋다는 데 동의했다. 그 조건이란 다음 위원회 모임이 열리는 1949년까지 4만 달러가 은행에 입금되어 있어야 한다는 것이었다.

하나님은 하계 언어학 연구소의 효과적인 사역을 위해 항공 사역이 병행되기를 원하실 거라는 캐머런의 믿음에는 추호의 흔들림도 없었다. 이에 캐머런은 전 세계 어느 곳이든 위클리프 성경 번역 선교사들이 비행기로 정글을 오가야 한다는 필요성을 가는 곳마다 역설했다. 그러자 다른 사람들도 그의 계획에 동참하기 시작했다. 항공 사역 신설을 추진하는 몇 명의 사람이 모여 위원회를 조직하기에 이르렀고, 헌금 또한 조금씩 모금되었다.

캘리포니아의 샌디에이고에 사는 어느 식료품 가게 주인은 소형 비행기 한 대를 헌납했다. 이에 그 비행기를 팔아서 대금을 은행 계좌에 입금시키고, 정글에서 사용하기 적절한 유형의 비행기를 구입하는 대금으로 사용하기로 했다. 다시 페루로 돌아가 그곳의 사역을 계속하는 중에도 캐머런은 사람들에게 편지를 써서 하계 언어학 연구소 선교사들을 위해 안전한 운송 수단이 필요하다는 점을 설명했다. 그 설명의 요점을 강조하기 위해서 캐머런은 각 편지에 자신과 일레인이 비행기 사고로 병원에서 치료받는 사진을 동봉해서 보냈다.

편지 쓰기 외에도 캐머런 부부를 바쁘게 하는 일이 또 있었다. 그것은 바로 캐머런의 세 가족이 살 만한 새로운 오두막을 짓는 일이었다. 일레인이 1948년 5월에 둘째 아기를 출산할 예정이었기에 새로운 방 하나가 추가되었다. 두 사람은 둘째 딸의 이름을 조이(Joy)라고 지었다.

건축 자재를 살 돈이 부족했으므로 있는 재료들을 최대한 이용해야 했다. 캐머런은 나무 판자들을 연결해서 못을 박고, 일레인은 몇 장의 천막용 천을 손으로 꿰매어 캐머런이 나무로 엉기정기 만든 틀 위에 덮어씌워 지붕과 벽을 만들었다. 만들어 놓고 보니 오두막이라기보다는 큰 텐트 같았으나, 캐머런과 일레인이 결혼 후 처음으로 마련한 집이었기에 두 사람은 그 집을 좋아했다. 그러나 우기가 닥치자 집 내부가 찜통처럼 후끈거릴 뿐 아니라, 온갖 벌레들이 안으로 들어오려고 아우성을 쳤다.

다양한 시도를 통한 사역의 확장

페루에서의 사역은 성공적으로 진행되어 갔다. 특히 하계 언어학 연구소에서 단파 무선 송신기와 수신기 시설을 설치한 이후로, 위클리프 번역 선교사들은 서로에게 연락하는 일이 가능해졌다. 또한 환자가 발생하거나 위급한 상황에서 알티그 의사에게 신속하게 연락을 취할 수도 있게 되었다. 캐머런은 단파 무선이 얼마나 유용한지를 실감하면서, 선교지에는 반드시 항공 수송 체계가 있어야 한다는 점을 확신했다.

1949년 9월 말, 캐머런은 오클라호마로 가서 하계 언어학 연구소 위원회 모임에 참석했다. 오클라호마에 도착해서 은행 계좌를 확인해 보니, 비행기 구입과 운영을 위해 총 4만 1천 달러가 입금되어 있었다. 작년 위원회 모임에서 정한 목표를 달성하고도 1,000달러가 초과된 것이다. 이로써 새로운 사역 하나가 탄생하게 되었다. 공식 명칭 '정글 항공 수송과 무선 사역'(Jungle Aviation and Radio Service)은 간단히 줄여서 'JAARS'로 불렀다.

셋째 딸 '일레인에델'(Elainadel)의 출생과 때를 맞추어 캐머런은 다시 페루의 집으로 돌아왔다. 아기는 그레이스의 세 번째 생일을 이틀 앞둔 1949년 12월 28일에 태어났다. 이제 일레인은 잠시도 쉴 틈이 없었다.

셋째 딸의 출생을 기뻐하는 캐머런의 머릿속에는 새로운 구상이 자리 잡고 있었다. 하계 언어학 연구소에서 하는 선교 사역을 알리며 성경 번역 선교사가 더 필요하다는 내용을 담은 단편 영화를 제작하는 일이었다. 당시 다큐멘터리 제작자로서 가장 유명한 어윈 문(Irwin Moon)이라는 사람이 시간을 내어 다큐멘터리 영화에 필요한 장면들을 무료 촬영해 주었다.

이제 남은 일은 어윈 문이 찍은 필름들을 한군데에 모아 편집을 해야 하는데, 그 일은 시간이 많이 걸리면서도 정밀 작업을 요하는 일이었다. 그러나 하계 언어학 연구소에서는 편집자를 따로 고용할 돈이 없었다. 애써 찍은 필름이 편집을 못해 지하실 어느 구석에 처박혀 있을 생각을 하니 캐머런은 견딜 수가 없었다. 편집할 만한 사람을 찾을 수 없다면, 결국 자신이 나서서 하는 수밖에 없었다.

캐머런 부부와 3명의 어린 자녀는 짐을 꾸려 로스앤젤레스로 떠났다. 어윈 문이 무디대학의 사이언스 스튜디오를 사용하도록 허가를 받아 놓았기 때문에, 캐머런은 그곳의 최신 장비를 이용하여 편집 작업에 들어갔다. 한편 일레인은 3명의 개구쟁이 딸을 돌보며 사람들에게 편지 쓰는 일을 했다.

그로부터 5개월이 지난 1950년 7월에 이르러, 캐머런의 목소리로 직접 녹음한 다큐멘터리 영화가 완성되었다. 〈모든 방언과 족속을 위해〉(Oh for a Thousand Tongues)라는 제목을 붙인 하계 언어학 연구소 다큐멘터리는 사람들에게 즉시 긍정적인 반응을 불러일으켰다. 이에 유명한 라디오 사회자인 찰스 풀러(Charles Fuller)가 하계 언어학 연구소의 사역을 소개했고, 기독교 다큐멘터리 영화 중에 최고작이라는 평가를 하는 사람들도 많았다. 다시 한 번 캐머런 타운센드는 전 세계에 성경 번역 선교사가 필요하다는 것을 사람들에게 효과적으로 알릴 방법을 찾아낸 것이다.

그 후로 캐머런은 미국에 갈 때마다 자신이 방문하는 교회에서 하계 언어학 연구소가 제작한 영화를 상영했다. 영화가 끝나면 항상 그는 자신이 즐겨하는 말로 사람들의 호응을 독려했다. "가장 위대한 선교사는 그 종족의 고유 언어로 된 성경입니다. 성경은 휴가가 필요하지도 않고, 외국인이라고 배척을 받지도 않을 것입니다."

'하계 언어학 연구소'라고 알려진 위클리프 성경 번역회의 사역은 그 후 몇 년간 계속해서 성장해 나갔다. 필리핀에 사는 부족들을 위한 번역 사역이 시작되자, 많은 젊은이가 새롭게 사역에 합류했다. 그들은 뉴질랜드, 오스트레일리아, 스웨덴, 영국 등에서 온 사람들이었다. 또한 비행기와 조종사들의 수도 계속 늘어났다.

1950년 성탄절이 되어 정글 항공 수송과 무선 사역은 네 대의 비행기를 갖추게 되었고, 이로써 전 세계에 흩어진 280명의 전임 사역자를 운송할 수 있는 규모가 되었다.

캐머런과 일레인 사이에는 또 다른 아기가 탄생했다. 1953년 1월 20일에 출생한 아기는 성별이 남자였는데, 그 이름을 윌리엄(William)이라고 지어 주었다. 그들의 사역 또한 평탄하게 흘러갔다. 〈모든 방언과 족속을 위해〉 다큐멘터리를 본 사람들 덕분에 하계 언어학 연구소의 사역은 계속 성장을 거듭했다.

새로운 기회를 찾는 열정의 개척자

캐머런에게는 여전히 할 일이 많았다. 그는 오클라호마 대학에서 위클리프 캠프를 주관하고 있는 켄 파이크와 계속 연락을 주고받았다. 캠프 참석자 중에 17명의 청년과 6명의 독신 여성이 페루에서 사역하기로 자원했다고 켄이 알려왔다. 많은 젊은이가 자원했다는 사실이 반가웠다.

1945년 9월 2일, 일본의 항복으로 제2차 세계대전이 끝났으므로 젊은 그리스도인들이 주님을 섬길 새로운 기회들을 찾아 몰려오리라는 예상을 하고 있었다. 페루에 갈 지원자들은 정글 속에서 살아남아야 했으므로 캐머런은 이미 멕시코에 정글 캠프를 열어 지원자들을 훈련시킬 계획을 세워 놓고 있었다. (226쪽)

캐머런은 적극적으로 기회를 찾으며 길을 만들어 가는 개척자였다. 한 순간도 안주하지 않고, 새로운 일에 끊임없이 도전하는 것을 주저하지 않았다. 어떤 순간에도 소홀한 마음으로 사역에 임하지 않았다. 모든 순간마다 최선을 다하며, 하나님이 부어 주실 은혜를 기대했다. 자신의 삶보다 하나님의 일을 우선순위로 삼았던 할 일이 끝도 없이 이어졌지만, 그는 자신에게 주어진 사명을 즐거이 감당하며 기뻐하였다. 캐머런은 미리 하나님의 뜻을 헤아림으로써 만반의 준비를 갖추어 사역을 이끌어 나갔다. 그는 억지로 끌려가는 수동적 사역자가 아닌, 열정의 개척자였던 것이다.

> "너희 안에서 행하시는 이는 하나님이시니 자기의 기쁘신 뜻을 위하여 너희에게 소원을 두고 행하게 하시나니"(빌 2:13).

Chapter 9

아름다운 선교 생애의 열매

막내아들 윌리엄이 탄생한 지 9년째 되는 1962년 어느 날, 캐머런은 최고의 광고 수단을 발견하기에 이르렀다. 당시 캐머런은 북캐롤라이나 주의 샬럿에 있는 정글 항공 수송과 무선 사역 본부를 방문하는 중이었다. 마침 광고 사업과 연관이 있는 한 남자가 그를 찾아왔는데, 캐머런은 그에게 라틴아메리카의 하계 언어학 연구소 선교사들이 사역하는 이야기를 들려주었다.

그 남자는 놀란 표정을 지으며 "오! 정말 대단한 일입니다. 당신의 선교 단체에서 하는 일을 더 많은 사람에게 알리면 좋겠군요" 하고 말했다.

"예, 우리도 열심히 알리려고 노력 중입니다. 우리의 사역에 관해 찍은 영화도 있고 《천 개의 방언이 남았다》(*One Thousand Tongues to Go*)라는 책도 최근에 새로 나왔습니다."

"훌륭하군요. 하지만 그 정도로는 부족합니다. 만일 수백만의 미국인에게 이 사역을 알릴 수 있는 수단만 찾는다면, 얼마나 많은 사람이 선교 단체에 들어오려고 하겠습니까?"

"맞습니다. 하지만 그 이상 무엇을 할 수 있겠습니까?"

남자가 약간 상기된 어조로 대꾸했다. "제게 좋은 생각이 있습니다. 뉴욕에서 열리는 세계 박람회에 전시관 하나를 마련하면 어떻겠습니까? 박람회는 1964년에 열리지만, 벌써 전시관 신청서를 접수하고 있습니다. 제 친구 중에 박람회 실행 위원으로 일하는 사람이 있는데…." 그는 명함 하나를 호주머니에서 꺼내 캐머런에게 내밀었다. "이 명함이 바로 그 친구 것입니다. 이 사람과 연락하시면 필요한 사항들을 상세하게 알려줄 것입니다. 제가 소개를 했다고 말씀하십시오."

그가 가고 난 뒤, 캐머런은 책상 앞에 놓인 명함을 물끄러미 바라보았다. '위클리프 성경 번역회가 세계 박람회에서 전시관 하나를 차지하는 일이 가능할까?' 미국뿐 아니라 전 세계의 수많은 사람이 박람회에 모일 테니 대단히 좋은 기회이기는 했다. 다만 박람회를 운영하는 책임자는 누구이며, 전시관 하나를 얻는 데 드는 비용은 과연 얼마인지가 문제였다.

일주일 후에 한 가지 의문이 해결되었다. 뉴욕 세계 박람회에서 가장 작은 전시관 하나를 차지하는 데는 자그마치 25만 달러가 든다는 것이었다. 은행 계좌를 확인해 보니 정확히 250달러가 입금되어 있었다. 세계 박람회에 전시관을 설치한다는 것은 기막힌 방안이었지만, 지금의 형편으로는 전혀 실현 가능성이 없어 보였다. 하지만 무슨 일이 어떻게 일어날지 누가 안단 말인가? 캐머런은 명함을 서랍 속에 집어넣고 일단 기다려 보기로 했다.

캐머런은 다른 일들을 처리하는 데에도 시간이 턱없이 부족했다. 이제 전 세계 여러 나라에 걸쳐서 1,500명의 사역자가 일하고 있었다. 캐머런은 시간이 허락하는 대로 그들과 개인적인 연락을 취하려고 노력했다.

1963년 2월, 캐머런은 멕시코시티에서 열리는 하계 언어학 연구소 위원회 모임에 참석했다. 회의 중에 뉴욕 세계 박람회에 전시관을 설치하는 문제를 거론했으나, 다른 위원들의 냉담한 반응에 부딪혔다. 선교회가 10년 동안 모아도 부족할 재정을 전시관 혼자 독차지하다니 말이 되는가?

그래도 캐머런은 박람회 방안을 백지로 돌리기가 아쉬웠다. 위원들은 화제를 돌려 다른 문제의 토론에 들어갔다. 아프리카의 나이지리아와 가나에 번역 선교사들을 파송할 계획이라는 것과 컴퓨터라는 기계가 번역 작업 속도를 얼마나 높여 주는가에 대한 이야기였다. 또한 캐머런 가족이 콜롬비아로 옮겨서 미래의 번역 사역에 대해 기초를 놓는 방안도 거론했다. 페루에서의 사역은 든든한 기반이 잡혔지만, 콜롬비아는 선교에 배타적인 나라였으므로 많은 어려움이 예상되었다.

캐머런은 콜롬비아로 옮기는 문제에 대해 일레인과 기도로 결정하기로 하고, 위원회 모임이 끝난 후 다시 페루의 집에 돌아왔다. 그가 페루로 온 지 얼마 안 되어 뉴욕에서 방문객 한 사람이 찾아왔다.

사업차 페루에 온 맥너슨(Magnuson) 부인은 하계 언어학 연구소의 사역을 한번 보고 오라는 친구의 권유에 따라 캐머런의 집을 찾아온 것이었다. 일레인은 부인을 반갑게 맞이하며 인디언을 위한 사역을 돌아보도록 안내했다. 맥너슨 부인은 번역 선교사들이 하는 일에 큰 감명을 받았는데, 특히 그들이 인디언의 실생활에 적극적으로 참여하여 도움을 주는 모습에 깊은 인상을 받았다.

맥너슨 부인은 떠나기 전날 저녁을 먹는 자리에서 캐머런을 보며 말했다. "제가 이래라 저래라 하기는 송구스럽지만, 아무래도 이렇게 인디언 부족을 돕는 일을 많은 사람에게 알리면 좋겠다는 생각이 드네요. 혹시 뉴욕 세계 박람회에 전시관 설치하는 일을 고려해 보신 적이 있나요?"

그 말을 듣던 캐머런은 순간적으로 손에 들고 있던 구운 고구마를 떨어뜨릴 뻔했다. 캐머런은 비밀을 들킨 아이처럼 상기된 얼굴로 "네, 사실은…. 생각해 본 적이 있습니다."라고 대꾸했다.

맥너슨 부인이 기다렸다는 듯이 눈을 빛내며 말했다. "그럴 줄 알았어요! 캐머런 선교사님이라면 그런 황금의 기회를 놓칠 리가 없다고 생각했죠. 제가 우연히 박람회 운영자를 알게 되었는데 그 사람의 이름은 바브 모이세스(Bob Moses)예요. 제가 잘 이야기를 하면 아마 전시관 하나를 무료로 줄지도 몰라요." 맥너슨 부인은 잠시 숨을 돌린 후에 말을 이었다. "그레이스가 그러는데 선교사님이 그 아이를 북캐롤라이나에 있는 학교에 입학시킬 거라고 하더군요. 만약 뉴욕에 들르신다면 제가 바브 모이세스에게 소개하도록 할 테니 이야기를 잘 해보세요."

구체화되는 사역의 윤곽

3개월 후 캐머런은 뉴욕을 방문하게 되었다. 그는 뉴욕에서 〈라이프〉(*Life*) 잡지의 사진사로 일하는 코넬 카파(Cornell Capa)를 만났는데, 코넬 카파는 하계 언어학 연구소의 사역을 위해 《누가 하나님의 말씀을 전했는가?》(*Who Brought the Word*)라는 제목의 책을 제작한 사람이었다. 캐머런은 코넬과 세계 박람회에 전시관을 설치하는 문제를 의논했는데, 코넬은 매우 좋은 생각이니 필요한 재정을 모금할 수 있을 거라고 말했다.

한껏 기대에 찬 캐머런은 맥너슨 부인과 함께 바브 모이세스를 만났다. 바브 모이세스는 맥너슨 부인이 페루의 번역 선교에 대해 장황한 설명과 칭찬을 늘어놓는 동안 조용히 듣고 있었다. 이윽고 캐머런의 의견을 말할 차례가 되자 그는 전시관에 대한 계획을 바브에게 이야기했다.

"우리는 전시관을 정글처럼 꾸밀 예정입니다. 사람들이 정글 속으로 걸어 들어오면 새가 지저귀는 소리와 동물들의 울음소리가 들리도록 음향 시설을 설치할 겁니다. 그래서 안으로 들어가면 바로 이엉을 얹은 오두막이 나오고, 그곳에 인디언 부족들의 진귀한 물건들을 전시하는 거죠. 옆에는 저희 단체의 사람들을 배치해서 그 물건들을 설명해 주고, 인디언이나 우리의 사역에 대해 사람들이 궁금해 하는 점들을 답변해 줄 겁니다."

"훌륭하군요! 우리는 그런 멋진 계획을 미처 생각해 보지 못했습니다. 박람회의 명물이 되겠는데요." 그는 책상 위에서 종이 한 장을 집어 들었다. "타운센드 씨, 그럼 이렇게 하지요. 박람회장 중앙에 있는 장소를 무료로 제공해 드리겠습니다." 그는 캐머런이 볼 수 있도록 박람회장 지도를 내밀었다. "바로 여기를 드리겠다는 것입니다. 아메리카 전시장과 유럽 전시장 사이에 있는 곳이죠. 박람회장으로 들어오는 사람들 모두 당신의 전시관을 지나치게 될 겁니다."

캐머런은 몹시 기뻐서 벌린 입을 다물지 못했다. 이것은 상상치도 못한 결과였다.

바브가 다시 말을 이었다. "그럼 빨리 전시관을 설치할 돈을 마련하셔서 그 자리를 타운센드 씨 앞으로 정해 놓도록 하시죠. 전시관 설치는 4월까지 끝내셔야 합니다."

"예, 알았습니다. 저희에게는 과분한 조건입니다. 그렇게 배려를 해주셔서 정말 감사합니다. 저희 단체의 위원들과 상의를 해서 허락받는 절차가 끝나는 대로 가능한 빨리 알려드리겠습니다."

다음 날 캐머런은 캘리포니아로 가서 하계 언어학 연구소 위원을 만나기 위해 비행장으로 달려갔다. 비행장까지 배웅을 나온 맥너슨 부인은 비행기에 오르려는 캐머런의 손에 봉투 하나를 쥐어 주며 말했다. "꼭 전시관을 설치하도록 하세요."

비행기가 이륙하고 난 후에 캐머런은 부인이 준 봉투를 열어 보았다. 안에는 1,000달러짜리 수표가 들어 있었다. 그는 머릿속으로 계산을 해보았다. 전시관 사용료 25만 달러는 면제가 되었지만, 전시관을 설치하고 나서 2년 동안 사람들을 배치하려면, 적어도 10만 달러는 들여야 할 것 같았다. 첫 헌금으로 1,000달러가 들어오긴 했으나, 나머지 돈은 어디에서 구할 수 있을까?

이틀 후 헌금 액수가 7,000달러로 불어났다. 교회에서 캐머런의 설교를 들은 은퇴 선교사 부부가 그에게 1,000달러를 헌금했으며 5,000달러는 친척 중 두 사람이 보내 주었다. 세계 박람회 전시관은 하나님의 뜻이라는 것에 대해 어느 때보다 굳은 확신이 들었지만, 아직은 다른 위원들의 동의를 얻는 일이 남아 있었다.

캐머런은 하계 언어학 연구소 위원들에게 지금까지 박람회 건에 대해 일어난 모든 과정을 소상히 이야기했다. 몇 명의 위원은 좋은 계획이라며 찬성했지만 한 가지 문제가 있었다. 단체의 규정에 의하면 어떤 사역이든지 돈을 빌려서 시작할 수 없도록 되어 있었기 때문에 그 규정을 어길 수는 없었던 것이다. 오전 내내 이런 저런 토론과 방안들이 오간 후, 캐머런이 마땅한 해결책 하나를 제시했다. 그는 의자에 등을 기댄 채, 탁자에 앉아 있는 동역자들을 둘러보며 말했다. "만약 내가 전시관 설치에 소요될 총 비용을 부담할 만한 사람들을 찾아보면 어떻겠습니까?"

한 위원이 고개를 갸웃하는 모습을 보며 캐머런은 자신의 의견을 자세히 설명했다. "지금부터 박람회가 열리는 시점까지 우리에게 필요한 총 경비가 모금되지 않는다면, 모자라는 비용을 기꺼이 부담할 용의가 있는 사람을 찾아보겠다는 것입니다. 만약 박람회 기간 중에 책을 팔고 헌금을 걷어서 모자라는 경비를 전부 충당하게 된다면, 그 사람들은 한 푼도 책임질 필요가 없게 되겠지요. 만약 그래도 재정이 모자라는 경우가 생기면, 그 사람들이 그 돈을 책임지고 부담하기로 미리 약정을 하는 것입니다. 이 방안에 대해 어떻게 생각하십니까?"

위원들은 잠시 서로의 얼굴을 바라보았고, 얼마 후 켄 파이크가 입을 열었다. "어쨌든 현재로는 빚을 질 수 없다는 게 문제인데, 캐머런 선교사님의 말대로 된다면 우리가 돈을 지불하지 않아도 되니까 빚을 지지는 않는 셈이군요. 저는 그 의견에 찬성합니다. 다른 분들은 이에 대해 어떻게 생각하시나요?"

그러자 다른 위원들도 캐머런의 의견에 동의했다. 캐머런이 전시관 설치와 운영에 대한 총 경비의 부족분을 채울 사람들을 찾아내는 한, 세계 박람회 일을 추진하라고 말했다. 위원들의 동의까지 얻어낸 캐머런은 신이 났다. 그의 머릿속에는 이미 3m 높이에 30m 길이의 위클리프 성경 번역회 전시관 벽화를 지나치는 수많은 인파의 물결이 그려졌다.

기대를 한 몸에 모은 세계 박람회는 캐머런의 예상만큼 재정적으로 성공하지는 못했지만, 다른 면에서는 대성공을 거두었다. 1964년 말에 하계 언어학 연구소의 성경 번역 선교사로 자원한 사람이 202명이나 되는 대기록을 세움으로써 하계 언어학 연구소에서 일하는 사역자는 총 1,600명에 이르렀다. 같은 해 하계 언어학 연구소의 사역을 위해 3백만 달러가 넘는 헌금이 들어왔으며, 그 재정은 각 부족들에게 들어가 사역하는 선교사들에게 보내졌다. 하계 언어학 연구소 전시관에 발을 들여놓은 사람 수만 헤아려도 100만

명이 넘었고, 그중 3분의 2에 해당하는 사람들이 하계 언어학 연구소 사역의 설명에 귀를 기울였다. 100개가 넘는 신문과 잡지사가 미국을 비롯한 전 세계 종족에 대한 기사를 실었다. 모든 방언, 모든 종족에게 복음을 전하라는 주님의 명령이 머지않아 실현되리라는 벅찬 기대와 설렘이 일렁이는 순간이었다.

성장하는 선교 사역

1966년, 캐머런의 큰딸 그레이스는 톰 고어스(Tom Goreth)와 결혼했다. 캐머런은 결혼식의 기회마저 놓치지 않았다. 그는 250명의 축하객에게 아직도 자신의 언어로 복음을 듣지 못한 종족이 2,000개나 된다는 점을 상기시켰다.

같은 해에 캐머런은 페루의 산마르코스 대학에서 명예박사 학위를 받았다. 미국의 유명한 대학들에서도 학위를 수여하겠다는 제의가 몇 번 있었지만, 그때마다 캐머런은 제의를 거절했다. 그 이유는 성경 번역가가 되기 위해서는 반드시 학위가 있어야 한다는 선입관을 사람들에게 심어 주지 않기 위해서였다. 그러나 페루의 대학에서 주는 학위는 그 나라의 교육 제도를 존중하는 의미에서 받기로 했다. 이제 칠순을 맞이한 캐머런은 공식적으로 윌리엄 캐머런 타운센드 박사가 되었다. 그래도 사람들은 여전히 그를 '캐머런 아저씨'라고 불렀다.

나이가 들었어도 그는 성경 번역이 필요한 새로운 부족을 찾아 나서는 일을 멈추지 않았다. 어느 날 그의 시선이 머문 곳은, 미국인들은 입국이 불가능하다고 알려진 '소련'이라는 나라의 카프카스 산악 지역이었다. 그곳은 흑해와 카스피해 중간에 위치해 있었는데, 그 지역에서는 약 100개가 넘는 언어가 사용된다고 했다.

그뿐만 아니라 폴란드, 헝가리, 루마니아, 불가리아, 체코슬로바키아, 그리고 동독에서 이주한 사람들도 있었다. 그러나 문제는 그들 모두가 소위 '철의 장막'에 갇혀 있다는 사실이었다. 미국과 소련의 냉전 상태로, 미국인이 소련에 입국하는 비자를 얻기란 사실 불가능한 일이었다.

정치적이고 이념적인 대립 관계를 떠나서 캐머런의 관심은 오로지 소련에 있는 수백만의 미전도 종족들을 향해 있었다. 그들에게 들어가 하나님의 말씀을 들을 수 있는 길을 열어 주는 것이 그의 소망이었다. 많은 사람이 그것은 불가능한 꿈이라고 말했지만, 캐머런의 사전에 '불가능'이란 단어는 없었다.

1967년, 캐머런과 일레인은 러시아어를 배우기 위해 멕시코시티로 옮겨 갔다. 그곳에서 러시아어를 열심히 공부하면서, 하나님께서 소련에 들어갈 문을 여시도록 날마다 기도했다. 캐머런은 멕시코시티에 거주하는 소련 대사관 사람들을 많이 알게 되었다. 캐머런이 수년 동안 인디언 언어로 성경을 번역하면서 겪었던 흥미진진한 모험담을 이야기할 때마다 그들은 넋을 잃고 들었다.

1968년 여름이 되자, 이제는 소련에 들어갈 입국 허가를 요청해도 좋을 시기라는 판단이 들었다. 그러나 소련을 방문하려면 정확한 방문 목적과 행선지가 있어야 했다. 이에 그는 소련 과학 대학에 편지를 써서, 그곳 언어학자들의 논문을 비교 연구할 목적으로 방문해도 되는지 문의했다.

마침내 9월이 되어 기다리던 답장이 왔다. 언제든지 대학을 방문해도 좋다는 초청장이었다. 이때다 싶었던 그는 일레인에게 열흘 안으로 모스크바에 도착하고 싶다고 말했다. 남편의 전광석화 같은 결정에 익숙해진 일레인은 곧바로 전화통에 매달렸다. 일레인은 사람들에게 전화를 걸어서 80명이 넘는 친구와 후원자에게 소련의 문이 열렸다는 사실을 알렸다. 이제는 하나님께서 철의 장막마저 걷어 버리신 것이다!

소련으로의 발걸음

후원자들로부터 기도하겠다는 약속과 함께 헌금이 들어오기 시작했다. 캐머런과 일레인이 소련으로 떠나는 1968년 10월 2일 수요일에는 필요한 모든 준비가 완료되었다. 일레인은 4남매를 남기고 떠나기가 못내 서운했다. 성장한 자녀 중 큰딸 그레이스는 두 해 전에 결혼을 했고, 조이와 일레인에델은 콜롬비아 성경 대학에, 그리고 막내아들 윌리엄은 벤 리펜 기숙사 학교에 다니고 있었다.

찬바람이 냉랭하게 몰아치는 뉴욕을 출발한 캐머런과 일레인은 칼끝처럼 매서운 북극 바람이 휘몰아치는 모스크바에 도착했다. 중앙아메리카의 더운 기후에서 오래 살았던 탓에 모스크바의 강추위는 가히 충격적이었다. 붉은 광장이 내려다보이는 호텔에 숙소를 정한 두 사람은 때때로 방에서조차 외투를 벗지 못할 정도로 오들오들 떨었다.

모스크바에서의 첫 번째 과업은 러시아어를 좀 더 잘하는 것이었으므로, 그들은 하루에 여섯 시간씩 언어 공부에 매달렸다. 나머지 시간에는 모스크바 시내를 구경하거나 멕시코와 콜롬비아 소련 대사관에서 사귄 친구들을 방문하러 다녔다.

어느 날 캐머런은 러시아 사람들로부터 카프카스 지역에 100여 개가 넘는 언어가 사용되는 이유를 설명하는 전설을 듣게 되었다. 한 천사가 여러 지역을 다니며 언어들을 나눠 주고 있었는데, 카프카스 산맥에 이르러 계곡을 너무 낮게 날아가는 바람에 날카로운 바위에 가방이 걸려 찢어졌다는 것이다. 이에 가방에 담긴 언어들이 쏟아져 아래의 계곡으로 내려오는 바람에 그 지역 사람들이 그렇게 많은 언어를 사용하는 것이라고 했다.

캐머런은 그 전설이 참으로 흥미롭다고 생각했다. 언어 사용을 그런 식으로 설명하는 전설을 듣기는 처음이었다. 하루 속히 그 지역으로 들어가서, 각기 다른 방언으로 얘기하는 사람들을 만나 보고 싶었다.

성탄절이 되어 캐머런과 일레인은 웬만큼 러시아어를 익혔다고 판단했다. 이에 두 사람은 기차를 타고 카프카스 지역으로 가서, 그곳의 관리들과 사람들을 만났다. 그리고 학교와 대학교, 박물관, 공장 등지를 방문하여 소련 정부에서 지방의 문맹률을 개선하기 위해 얼마나 부단히 노력을 기울였는지를 알아냈다.

이제는 거의 모든 사람이 글자를 읽을 줄 알았다. 다만 문제는 그들의 언어로 성경을 번역할 만한 방법을 찾는 것이었다. 처음에는 관리들이 캐머런의 계획과 제안에 대해 부정적인 반응을 보였다. 그들은 종교를 허락하지 않는 소련에서 하나님을 믿는 기독교를 받아들일 수 없을 거라고 입을 모았다. 하지만 캐머런은 그 문제를 다른 방향으로 돌렸다. 그때 한 언어학자가 현지어로 성경을 번역하는 것은 성경의 어느 부분을 번역하든 허락되지 않을 것이라고 말했다. 그러나 그 언어학자는 잠시 생각을 한 후, 자신의 말을 수정했다.

"하지만 고대로부터 내려오는 옛이야기를 번역하는 것은 막지 않지요. 성경의 이야기들도 그런 범주에 속할 수 있을 겁니다." 캐머런도 그 말에 동의했다. 기독교에 배타적인 나라를 비롯해 어느 곳이든 성경을 번역할 나름의 방법을 늘 찾게 되기 마련이었다.

1969년 2월에 캐머런과 일레인이 다시 모스크바로 돌아오자, 하계 언어학 연구소 사역자들이 소련의 카프카스 지역에 들어가 그곳의 언어로 번역 일을 해도 좋다는 공식적인 허가가 내려졌다. 캐머런의 외교 수완과 다른 나라에서 일했던 경력 덕분에 하계 언어학 연구소 단체는 소련에 들어가서 일하도록 허락을 받은 몇 안 되는 외국 단체에 속하게 되었다.

피어나는 열매들

캐머런 부부가 미국으로 돌아오자, 모든 사람이 소련에서 진행된 일을 알고 싶어 했다. 일레인은 한 달 동안 미국의 동부에서 시작하여 서부까지 횡단하며, 48개의 장소에 들러 소련 방문 결과를 알렸다. 그동안 캐머런은 멕시코시티로 가서 완공된 하계 언어학 연구소의 멕시코 선교 본부 건물 헌당식에 참석했다. 사역이 확장되다 보니 이전의 장소가 비좁아져서 새로 건물을 짓게 된 것이다.

건물 안에는 사무실, 컴퓨터실, 도서관, 강당이 있고, 인디언 물품을 전시하는 작은 박물관도 있었다. 각 방의 이름은 지난 32년 동안 멕시코에서의 사역을 도왔던 여러 관리의 이름을 따라 지어졌다.

두 해에 한 번씩 열리는 하계 언어학 연구소 총회가 새로운 건물에서 개최되었다. 총회가 끝나자 캐머런은 북캐롤라이나의 샬럿으로 돌아갔다. 샬럿에는 캐머런 부부가 영구적으로 살 집을 건축할 계획이었다. 그리고 얼마 후, 캐머런은 다시 소련으로 들어갈 계획을 발표했다. 두 가지 언어로 진행된 교육이 카프카스 지역 사람들의 삶을 얼마나 개선시켰는가에 대해 책을 쓸 계획이었다. 또한 아시아와 태평양 지역에서 일하는 하계 언어학 연구소 사역자들을 방문할 계획도 세웠다. 그는 전 세계에 흩어져 일하고 있는 위클리프 성경 번역 선교사들을 위해 날마다 기도했지만, 아직 캐머런이 한 번도 가보지 못한 사역지들도 꽤 있었다.

1969년 10월 초, 모든 준비를 끝낸 캐머런 부부와 열여섯 살의 윌리엄은 비행기에 올라 소련으로 날아갔다. 캐머런은 1개월 동안 소련에 머물면서, 책을 쓰기 위한 사진과 정보들을 모을 예정이었다.

모스크바에 도착한 캐머런은 사람들의 따뜻한 환영을 받았다. 소련의 지도자들은 책을 쓰려는 캐머런의 계획을 적극 지지하면서, 국내 유명한 사진 작가가 카프카스 여정에 동행하게 하여 사진을 찍도록 주선했다. 카프카스의 학교와 대학들을 방문하는 사이 한 달이 훌쩍 지나갔다. 캐머런은 가는 곳마다 그곳 관리들에게 빈곤층 사람들의 문맹률을 높이기 위해 어떤 정책을 폈는지를 물었다.

한 달이 지나 비행기를 타고 인도의 뉴델리와 네팔을 방문한 캐머런 가족은 그곳의 사역에 깊은 감명을 받았다. 6개국에서 온 15명의 하계 언어학 연구소 사역자가 열두 부족에게 들어가 성경을 번역하고 있었고, 네팔의 유일한 대학에 다니는 대학생들이 그들의 사역을 도와주고 있었다. 36년 전 캐머런이 하계 언어학 연구소라는 단체를 설립할 때 그리던 꿈이 현실로 이루어진 것이다. 그는 여러 국적의 사람이 전 세계에 흩어져 현지인들과 협력하며 성경을 번역하게 되기를 꿈꾸어 왔었다.

그들이 다음으로 방문한 곳은 필리핀이었다. 캐머런은 위클리프 사역자들의 헌신에 다시 한 번 깊은 감동을 받았다. 156명의 사역자가 42개의 부족 언어로 성경을 번역하고 있었다. 자신도 팔을 걷어붙이고 그들과 함께 일하고 싶은 충동이 일었지만, 그는 미국으로 돌아가 소련에 대한 연구를 계속해야만 했다.

캐머런 부부는 필리핀을 출발하여 파푸아뉴기니로 갔다. 세계의 오지로 알려진 파푸아뉴기니에서도 하계 언어학 연구소 사역자들은 열심히 일하고 있었다. 300명이 넘는 사역자가 87개의 부족 언어로 성경을 번역하고 있었다. 또한 그들은 캐머런이 테텔칭고 마을에서 일했던 본보기를 따랐다. 테텔칭고에서 캐머런은 마을 사람들의 생활을 개선하는 일에 앞장서, 새로운 작물을 재배하고 용수로를 만드는 일을 선보였었다. 파푸아뉴기니 하계 언어학 연구소 지부의 책임자인 알 펜스(Al Pence)는 캐머런에게 현지인들이 인쇄소와 제재소를 운영하는 모습을 자랑스럽게 보여 주었다. 그뿐 아니라 현지의 청년들에게 여러 가지 기술을 가르쳐 유용하게 사용하고 있었다.

물러설 때를 아는 지혜

캐머런 부부는 파푸아뉴기니를 떠나 다시 오스트레일리아와 뉴질랜드를 방문한 뒤, 하와이를 거쳐 미국 북캐롤라이나의 집으로 돌아갔다. 미국에 오자 일레인은 캐머런이 의사를 만나 진찰을 받도록 했다. 여행의 막바지에 이르렀을 때 캐머런은 한두 번 가쁜 숨을 몰아쉬었었다.

혹시 심각한 병이 든 것이 아닌지 걱정하는 일레인에게 캐머런은 "내 나이가 일흔셋이지 않소. 밤낮이 다른 세계 각지를 짧은 시간 안에 오가며 설교를 하고 많은 사람을 만났으니, 내 나이의 반만 먹은 남자라도 숨이 가빠지는 게 당연한 일 아니오?" 하며 농담을 했다.

그래도 일레인의 권유를 이기지 못한 캐머런은 의사를 만나 숨이 가쁘고 가슴 통증이 있다고 말했다. 의사는 심장 전문의를 만나라고 주선했으며, 심장 전문의는 캐머런에게 심장 질환이 있음을 경고했다. 최선의 치료책은 그저 일을 멈추고 쉬는 것이라고 했다.

캐머런은 처음으로 의사의 경고를 심각하게 받아들여, 가급적 바쁘게 지내지 않으려고 노력했다. 그러나 여전히 해야 할 일들이 생겨났고, 전 세계 수백 명의 사람과 연락을 주고받는 일도 멈출 수 없었다. 게다가 소련의 2개 언어 교육에 대한 책도 써야 했다. 쉰다는 것이 가장 어려운 일이기는 했으나, 이제 하계 언어학 연구소 사역을 유능한 다음 세대에게 넘겨야 할 때임을 인정하지 않을 수가 없었다.

1970년 6월에 둘째 딸 조이도 결혼식을 올려 캐머런에게 기쁨을 더해 주었다. 조이는 남편 데이비드 터기(David Tuggy)와 함께 하계 언어학 연구소에 소속되어 멕시코로 떠났다. 그곳에서 두 사람은 캐머런이 시작한 아즈텍 신약성경 번역을 마무리 지었다.

평생토록 새로운 계획과 도전을 거듭했던 캐머런이 아무 일도 안 하고 그저 가만히 앉아 있는 것은 불가능했다. 미국 정부가 토착 인디언을 위한 사역에 관심을 갖도록 만드는 것이 캐머런이 오래전부터 희망하던 바였다.

퀘이커 교도이기도 했던 닉슨 대통령은 수년 전부터 하계 언어학 연구소의 사역에 큰 관심을 갖고 있었다. 캐머런이 대통령의 도움을 힘입어 국회에 제출했던, 1971년을 '소수 민족의 해'로 제정하려는 의안이 국회에서 하원과 상원을 통과하여 닉슨 대통령의 최종 승인을 받았다.

1970년 12월 2일, 캐머런은 백악관에서 몇 명의 상원 의원과 함께 닉슨 대통령 집무실에 앉아 있었다. 하계 언어학 연구소의 사역자들이 얼마 전 500번째 언어로 성경 번역을 시작했다는 이야기를 하는 동안, 모든 사람이 캐머런의 이야기에 귀를 기울였다. 닉슨 대통령도 감탄해 마지않았다.

백악관을 나온 캐머런은 눈발이 날리는 추운 날씨에도 불구하고 벅찬 감회를 느꼈다. 지난 시절부터 대통령을 비롯하여 얼마나 많은 고위급 관리의 도움을 받아 일할 수 있었는지를 돌이켜 생각하니 스스로도 믿어지지가 않았다.

그는 오랜 친구이며 절친한 친분 관계를 맺었던 멕시코의 전 대통령 라소로 카르데나스를 떠올렸다. 두 달 전 그가 세상을 떠났다는 연락을 받았을 때, 캐머런은 만사를 뒤로 하고 그의 장례식에 참석했다. 그는 하계 언어학 연구소 단체가 기반을 잡던 초기에 누구보다 큰 도움을 주었던 카르데나스 대통령에게 깊은 애도의 뜻을 표했다.

백악관을 방문한 지 며칠 후, 캐머런은 닉슨 대통령으로부터 공식 서한을 받았다. 편지에는 캐머런이 백악관을 방문한 데에 감사한다는 인사와 함께, 닉슨 대통령의 추천의 글이 다음과 같이 적혀 있었다.

> 타운센드 박사를 나의 집무실에서 만나, 공용어를 사용하지 않는 전 세계 수많은 사람을 위해 성경을 번역하는 하계 언어학 연구소 사역자들의 고충과 노력을 듣게 되어 영광이었습니다. 이 기회에 성경 번역이라는 숭고한 과업에 헌신하는 사람들과 언어학자들에게 진심 어린 격려를 전하고자 합니다. 나의 개인적인 감사와 함께 타운센드 박사가 정한 목표들을 이루게 되길 희망하며…. 안녕히 계십시오.
>
> 리처드 닉슨

캐머런의 얼굴은 기쁨으로 환해졌다. 미국 대통령이 자신을 개인적으로 인정했다는 사실 때문이 아니라, 대통령의 격려와 추천으로 더 많은 사람이 연구소에 들어와 일하고 싶은 마음을 갖게 될 것을 생각하니 기뻤다. 남아 있는 과업을 위해서는 더 많은 사역자가 절대적으로 필요했다.

백악관을 다녀오고 나서 얼마 후, 캐머런은 위클리프 성경 번역회 총재직을 사임하기로 결정했다. 그리하여 1971년 5월, 멕시코시티에서 열리는 총회에서 그 사실을 공표했다. 실무 책임자인 벤 엘슨(Ben Elson)이 총회에서 단체의 현황을 이야기했다. 2,504명의 사역자가 23개국에서 510개의 언어로 성경을 번역하고 있고, 1년 동안 단체 앞으로 모인 헌금 액수가 총 790만 달러라고 했다.

이제는 뒤로 물러나 자신이 그동안 이룩한 성과를 느긋하게 자축할 수도 있겠지만, 캐머런은 그럴 사람이 아니었다. 그는 언제나 다음 도전을 향해, 성경 번역이 필요한 다른 종족들을 찾아 나가는 사람이었다. 총회 도중 캐머런이 앞에 나가 연설을 하는 시간이 되자, 그는 이렇게 말했다. "하나님은 참으로 선한 분이십니다. 우리에게 특별한 사명을 지우셨으니 주님의 뜻을 성취하기 위해 앞으로 나아갑시다. 모든 종족이 그들의 언어로 하나님의 말씀을 듣는 날이 올 때까지 쉬지 말고 달려 갑시다." 이는 캐머런이 지난 54년 동안 한결같이 강조하던 이야기이며, 딸의 결혼식장을 비롯하여 어디를 가든 역설했던 내용이었다. 또한 그것은 그가 날마다 생을 살아가는 이유이며 목적이기도 했다.

남아 있는 과업 완수를 위하여

캐머런은 위클리프 번역 선교회 총재직을 사임한 뒤에도 여전히 자신의 할 일을 찾아다녔다. 소련의 2개 언어 교육에 대한 책을 집필한 그는 《그들이 발견한 공용어: 2개 언어 교육을 통한 공동체》(*They Found a Common Language:*

Community Through Bilingual Education)라는 제목을 붙였다. 책의 발간으로 캐머런 부부는 소련을 몇 번 더 방문할 기회를 얻었다.

두 사람은 이전보다는 좀 더 느슨하게 여행 일정을 잡고 여러 곳을 다녔다. 1973년에는 파키스탄 대통령이 캐머런을 초청하여 '2개 언어 교육'에 대해 연설해 달라고 부탁했다. 그의 연설로 인도 수상인 인디라 간디(Indira Gandhi)로부터 인도를 방문해 달라는 초청장을 받게 되었다. 또한 그에게는 여러 가지 상도 주어졌다. 캐머런은 하계 언어학 연구소 사역자들을 생각해서 그 상들을 모두 받았다. 필리핀 대통령은 그에게 감사장을 주었고, 멕시코와 페루에서는 외국인에게 주는 가장 영예로운 상을 수여했다.

1979년, 유네스코에서는 하계 언어학 연구소가 파푸아뉴기니에서 이룩한 뛰어난 업적을 인정하여 교육상을 수여했다. 1934년 이래로 매년 여름이면 '언어학 하계 훈련회'가 열렸는데, 유네스코에서 수상한 이후에는 하계에만 국한되지 않았다. 그리스도인 사업가 몇 명이 땅을 헌납하여 1년 내내 이용할 수 있는 공간을 제공했기 때문에 1년 내내 훈련이 가능해진 것이다.

다른 사역의 건물들이 미국 내에 들어서기도 했다. '정글 항공 수송과 무선 사역'(Jungle Aviation and Radio Service)이 확장되어, 캐머런이 사는 북캐롤라이나의 샬럿 마을에서 40km 떨어진 곳에 새로운 건물이 들어섰다.

1979년은 모두에게 대단히 경사스러운 해였다. 그해에 페루의 아무샤 부족이 그들의 고유 언어로 번역된 신약성경을 받아들였다. 어떤 언어의 번역이든지 캐머런에게는 반가운 일이었지만, 아무샤어 번역은 특별한 의미가 있었다. 왜냐하면 하계 언어학 연구소의 사역자들에 의해 완료된 100번째 신약성경 번역이기 때문이었다.

더욱 신 나는 소식도 있었다. 깡마르고 해쓱한 얼굴로 여름 훈련소를 찾아왔던 청년 켄 파이크는 언어학 연구에 있어 누구보다 열정적으로 앞장서 온 끝에, 1942년에는 미시건 대학에서 언어학 박사학위를 받게 되었다. 그 후에도 여섯 개의 저명한 미국 대학에서 명예학사 학위를 받았으며, 1981년 언어학 하계 훈련회 단체와 함께 전 세계의 소수민족을 위해 일한 업적을 평가받아, 노벨 평화상 후보자로 지명되었다. 캐머런은 초기의 학생이 노벨상 후보로 지명된 사실에 기쁨을 금치 못했다. 파이크는 훈련에 처음 참여하던 첫날부터 뛰어나고 열성적인 번역 선교사였다.

1981년 성탄절이 다가올 즈음, 캐머런의 건강은 극도로

쇠약해졌다. 일레인의 권유로 병원을 찾은 캐머런은 불길한 진단을 받았다. 치료 방법이 없는 급성 백혈병이었던 것이다. 연속적으로 수혈을 받으면 얼마간은 생명을 연장할 수 있다고 했다. 1982년 1월과 4월 사이에 캐머런은 열여덟 번이나 수혈을 해야 했다.

두 사람은 1982년 3월에 플로리다의 친구 집에 가서 머물렀다. 모두가 캐머런이 오래 살지 못하리라는 사실을 알았기에, 생전에 마지막으로 그를 보려고 방문하는 사람들이 많았다. 일레인은 방문객의 약속 시간을 조절하여, 하루에 한 시간 동안 25명만을 만날 수 있도록 했다.

캐머런과 일레인은 플로리다에서 한 달을 머문 후에 샬럿의 집으로 돌아왔다. 집으로 온 지 일주일 후, 캐머런은 상태가 악화되어 병원으로 후송되었다. 결국 1982년 4월 23일, 캐머런 타운센드는 여든 다섯 살을 일기로 조용히 생을 마감했다. 전보와 전화를 통해 그의 죽음이 온 세계에 전해졌다. 대통령들이 애도의 전화를 하는가 하면, 캐머런이 직접 글을 가르쳤던 인디언 농부들은 일레인과 유족들에게 편지를 써서 애도의 뜻을 표했다.

세계 각국에서 사랑하는 캐머런 아저씨의 죽음을 함께 슬퍼했다. 애도의 눈물과 함께 감사의 눈물도 우러났다. 가난한 농가에서 태어난 주근깨 소년이 평생토록 이룩한 성과는 가히 놀랄만 했다. 샬럿 마을의 갈보리교회에서 장례식을 마친 캐머런 타운센드의 유해는 정글 항공 수송과 무선 사역 본부 근처의 묘지에 안장되었다. 그의 묘비에는 '사랑하는 사람들이여, 사랑으로 서로를 섬기고 사명을 끝내시오. 성경을 모든 언어로 번역하시오'라고 새겨 있었다. 장례식 후에는 수많은 사람이 사역 본부에 남아 찬송을 부르며, 밤이 깊도록 캐머런 아저씨에 대한 추억을 나눴다.

누군가 여러 해 전에 일어난 일을 이야기했다. 캐머런이 이 세상의 모든 언어로 성경을 번역한다는 목표를 이야기했을 때, 그는 약간 황당무계하다는 생각이 들어 "캐머런 아저씨! 어떻게 불교국가, 이슬람국가, 공산국가에 들어가서 그런 일을 할 수 있다고 자신하시는지 모르겠네요. 라틴아메리카에서 성경 번역을 하셨으니 다행이지, 그런 나라들에서는 어림없는 일일 걸요?"하고 물었다. 이에 캐머런은 미소를 지으며 "하나님을 신뢰하고 그분의 인도하심을 따른다면 어떻게 그런 나라에서 일을 할 수 없다고 자신하는지 모르겠군. 성경에 보면 '하늘과 땅의 모든 권세를 내게 주셨으니 그러므로 너희는 가라'고 말씀하지 않았는가?"하고 응답했다고 한다.

캐머런은 자신이 말한 그대로의 믿음대로 살아간 사람이었다. 다른 사람들에게 모든 언어로 성경이 번역되어야 할 필요성을 이야기하고, 사람들을 모집하고 훈련하여 직접 현장에 뛰어들도록 도왔다. 당연히 그가 세상을 떠난 후에도 사역은 계속 이어졌다. 오늘날 위클리프 성경 번역회에서 일하는 사역자들은 총 500개의 언어로 신약성경을 번역했다. 그들은 1,000개의 언어로 성경을 번역할 날을 고대하며 열심히 일하고 있다. 그러나 세상에는 아직도 2,000개의 언어와 4억 4천만의 사람이 자신의 언어로 된 신약성경을 갖고 있지 않다. 하계 언어학 연구소의 목표는 25년 안에 남아 있는 언어들로 성경을 번역하는 것이다.

캐머런이 세상을 떠난 후, 일레인은 몇 번에 걸쳐 세계 여행을 다니며 하계 언어학 연구소가 정한 목표를 달성하고자 노력하는 사역자들의 힘을 북돋아 주었다. 일레인은 지금도 새로운 사역자들을 훈련하는 일에 적극적으로 참여하면서 기도 모임들을 이끌어 나가고 있다. 4명의 자녀들과 19명의 손자 손녀를 둔 일레인은 처음으로 태어난 손녀의 이름을 할아버지의 이름을 본떠 '캐머런'이라고 지었다. 그것은 복음을 번역하기 위해 일생을 바친 숭고한 캐머런의 정신을 기리기 위해서였다.

캐머런 타운센드에게 배우는
열정적인 신앙생활에 필요한 6가지 태도

1. 자신의 유익보다 하나님의 뜻을 우선순위로 여긴다.

캐머런은 안락한 생활이 보장된 미국 목사의 길을 택할 수도 있었다. 그러나 그는 인간의 생각으로 자신의 미래를 계획하지 않았다. 일찍이 자신을 향한 하나님의 부르심을 명확히 깨달았던 그는 묵묵히 번역 선교의 길을 걸어갔다. 자신의 필요와 욕심을 내려놓고, 그분을 향한 진실된 사랑으로 단호히 하나님의 뜻을 따르자.

2. 주어진 은사를 도구로 사용하여 복음을 전한다.

하나님이 각 개인에게 부여하신 은사는 하나님 나라의 확장을 위해 주신 복음의 도구다. 캐머런은 그 사실을 잘 알았다. 이에 그는 언어적 재능을 통해 '성경 번역'이라는 중대한 사역을 감당했다. 한 달란트를 열 달란트로 만들어 주인을 기쁘시게 한 충성된 종처럼, 하나님이 주신 은사를 사용하여 복음의 열매를 풍성히 맺자.

3. 한계 상황을 만났을 때 하나님의 일하심을 기대한다.

사역 현장에는 갖가지 위험 요소와 난관들이 도사린다. 하나님의 돌보심이 아니면 도무지 헤쳐 나갈 수 없는 막막한 장벽을 맞닥뜨리게 되는 것이다. 그러한 상황에도 그는 뒷걸음질치거나 문제를 회피하지 않았다. 다만 하나님의 바라며 그분의 역사를 기대했다. 우리도 하나님을 '기대'함으로 불가능의 장벽을 무너뜨리자.

4. 말씀의 능력을 알고, 말씀에 비추어 자신을 돌아본다.

성경 말씀에는 시대와 공간을 초월하는 무한한 능력이 있다. 말씀의 능력을 알고 있는 자는 성경 말씀을 인생의 지표로 삼는다. 캐머런은 성경 말씀을 삶의 나침반으로 삼아, 자신의 사역 방향을 설정하였다. 중대한 선택의 문제 앞에서도 역시 말씀을 의지했다. 발의 등이요 길의 빛이 되는 말씀을 붙들고 한 걸음씩 나아가자.

5. 누군가를 가르치기에 앞서 몸소 배우고 실천한다.

캐머런은 인디언에게 복음을 전하기 위해 그들의 언어를 공부하며, 그들의 문화와 생활방식을 적극적으로 배웠다. 이처럼 선교에 있어 요구되는 가장 중요한 성품은 바로 '겸손'이다. 문화와 사상이 전혀 다른 민족을 수용하고 품는 겸손의 마음으로 끊임없이 배움의 자세를 지켰던 그를 본받아 우리도 섬김의 삶을 살아가자.

6. 하나님의 계획을 헤아리고, 그 일을 미리 준비한다.

하나님 앞에 늘 깨어 있는 사람은 기도와 말씀을 통해 그분이 행하실 일을 민감하게 알아차린다. 그는 사역을 하는 동안 하나님이 무엇을 원하시며, 어떤 일을 행하실지 감지하고 그 일을 성실히 준비해 나갔다. 모든 일의 기준점이 하나님이 되었던 캐머런처럼 그분과 발맞춰 동행하며 귀한 사역을 감당하는 믿음의 종이 되자.

캐머런 타운센드의 생애와 연혁

1896년　미국 캘리포니아에서 출생하다.

1914년　로스앤젤레스의 옥시덴탈 대학교에 입학하다.

1917년　로비와 함께 과테말라 선교사로 떠나게 되다.

1918년　프란시스코 디아즈와 동행하며 11개월 동안 과테말라, 엘살바도르, 온두라스, 니카라과 등을 돌아다니다.

1919년　중앙아메리카 선교회(CAM)의 공식 선교사로 위탁되고, 스물세 번째 생일에 엘비라와 결혼하다.

1928년　성경 번역 작업에 몰두하여 신약성경 번역을 완료하다.

1931년　카크치켈어 번역 성경을 18권 수령하여 인디언에게 전달하다. 어머니의 암과 엘비라의 심장병 소식을 듣다.

1934년　성경 번역 지망자를 위한 첫 훈련 캠프를 개최하다.

1935년　《화산의 아들 톨로》라는 실화 소설을 출간하다.

1936년　제3회 훈련 캠프를 개최하고, 가을 '언어학 하계 훈련회' 결성하다.

1942년　오클라호마 교정에서 정식으로 훈련 캠프를 개최하다. 잡지 〈번역〉을 발간하다.

1944년 카르데나스 대통령의 전기를 쓰다. 엘비라가 죽음을 맞이하다.

1946-1949년 일레인과 결혼하여 딸 3명이 태어나다.

1950년 성경 번역 사역자 모집을 위한 다큐멘터리 단편영화를 제작하다.
'정글 항공 수송과 무선 사역'을 위한 비행기 4대를 마련하다.

1953년 넷째 아들 윌리엄이 태어나다.

1964년 '언어학 하계 훈련회'의 사역자 1,600명을 달성하다.

1966년 산마르코스 대학에서 명예박사를 취득하다.

1967년 러시아어 학습을 위해 멕시코로 가다.

1969년 소련에서의 번역 사역 허가를 받다.

1970년 리처드 닉슨 대통령과 대면하다.

1973년 파키스탄 대통령의 초청으로 언어 교육에 대해 연설하다.

1979년 유네스코에서 교육상을 수상하다.
백 번째 성경으로 '아무샤어' 성경을 번역하다.

1982년 급성 백혈병으로 생을 마감하다. 샬럿 마을의 갈보리교회에서 장례식을 치르다.

참고 문헌

Ethel Emily Wallis and Mary Angela Bennett, *Two Thousand Tongues to Go: The Story of the Wycliffe Bible Translators* (Harper & Brothers, 1959).

Hugh Steven, *A Thousand Trails* (CREDO Publishing Corporation, 1984).

James and Marti Hefley, *Uncle Cam* (Wycliffe Bible Translators, 1984).

William Cameron Townsend and Richard S. Pittman, *Remember All the Way* (Wycliffe Bible Translators, 1975).

캐머런 타운센드

지은이　자넷 & 제프 벤지
옮긴이　안정임

2012년 6월 22일 1판 1쇄 펴냄

펴낸이　이창기
펴낸곳　도서출판 예수전도단
출판 등록　1989년 2월 24일(제2-761호)
주소　경기도 고양시 일산동구 백석2동 1329 성지 밀레니엄리젠시 301호
전화　031-901-9812 · **팩스** 031-901-9851
전자우편　publ@ywam.co.kr
홈페이지　www.ywam.kr
주문　전화 031-908-9987 · 팩스 031-908-9986

ISBN 978-89-5536-403-3

책값은 뒤표지에 있습니다.
잘못된 책은 바꾸어 드립니다.